浙江省金华市重点学科"社会学"学科建设阶段性成果

U0744929

大道至简：

大学创业教育的社会学解读

贾少华　著

厦门大学出版社
XIAMEN UNIVERSITY PRESS
国家一级出版社
全国百佳图书出版单位

图书在版编目(CIP)数据

大道至简:大学创业教育的社会学解读/贾少华著. —厦门:厦门大学出版社,
2015.12
ISBN 978-7-5615-5853-9

Ⅰ.①大… Ⅱ.①贾… Ⅲ.①大学生-创造教育-研究-中国 Ⅳ.①G640

中国版本图书馆 CIP 数据核字(2015)第 299674 号

官方合作网络销售商:

厦门大学出版社出版发行

(地址:厦门市软件园二期望海路 39 号 邮编:361008)
总 编 办 电 话:0592-2182177 传真:0592-2181406
营销中心电话:0592-2184458 传真:0592-2181365
网址:http://www.xmupress.com
邮箱:xmup @ xmupress.com
厦门集大印刷厂印刷
2015 年 12 月第 1 版 2015 年 12 月第 1 次印刷
开本:720×1000 1/16 印张:10.5
字数:120 千字
定价:36.00 元
本书如有印装质量问题请直接寄承印厂调换

目　录

目录

目录

创业就是给自己"造一个饭碗"

（2013-04-05）

去年在中央电视台录制《新闻调查》时，主持人问我，鼓励大学生创业就是让大学生成为"小商贩"吗？在我倡导大学生淘宝创业的过程中，不仅中央台的主持人，社会上也有太多的人对这种创业主张表示不认可。在他们看来，大学生创业应有更高的起点，淘宝之类的创业应留给社会上没有接受过高等教育的人去做。

大学生如果能创办大公司大企业，家长不会有意见，社会不会有意见，国家也不会有意见。从国家战略来讲，需要大公司大企业。像韩国三星一家公司的产值就接近韩国全国 GDP 的五分之一。一个国家真正要强大，民族要振兴，大公司大企业是不能没有的。大公司大企业那么重要，大学生能创办吗？大学生有相应的知识技术储备吗？大学生能筹措到所需的资金吗？讲重要性还要讲可能性，讲愿景还要立足于现实。大学生创业还是要从能做的开始做起，从养活自己开始，从自我雇佣开始，从给自己造一个饭碗开始。说白了，自谋职业就是创业。

现实中，人们有一种错觉，一讲到创业，马上就联想到微软、苹果，似乎美国人的创业就是创办大公司大企业。事实上，在美国类似微软、苹果的企业也是凤毛麟角，美国更多的企业也都是小微企业。美国有超过 2500 万人，也即接近美国总人口的十分之一是自谋职业者，他们可能是花匠，可能是水暖工，可能是网络维护者，可能是广告策划者。他们很不起眼，但为社会所需要；他们很弱小，但他们解决了自己的饭碗问题；他们默默无闻，但他们从不给国家制造麻烦。美国这个国家之所以强大，不仅因为有超一流的大公司大企业，可能更在于有数不胜数的小微企业。中国如果有总人口十分之一的人走自谋职业的路，能够自己解决自己的饭碗问题，"中国梦"的实现可能不是指日可待而是早已成为现实了。离开了可能性也就没有了重要性，离开了现实也就没有了未来，大学生的创业务必从自身实际出发，大学创业教育的定位就是让大学生成为自谋职业者。

事实上，大公司大企业也都是从小微公司、小微企业发展而来的。乔布斯非常伟大，但我敢肯定，他在车库里瞎折腾的创业之初根本就不可能想象到自己的苹果能做到现在这样大。乔布斯已过世，这是一个得不到认证的答案，但大公司由小企业演变而来这是不再需要认证的真理。大学生如想成大事业，就必须从能做的小事情开始做起。大学的创业教育如果真想有所作为，也只能鼓励学生从给自己造一个饭碗开始。

另外，中国的高等教育马上将进入普及化阶段，除了极个别不想上大学的人外，谁都可以上大学了。大学生不再是"天之骄子"，而是全社会最普通的一分子。既然是普通一员，就做普普通通的事。谁越立足于普通，谁就更有可能脱颖而出。相反，整天要做比尔·盖茨、乔布斯而又从不付诸行动的人，到最后最有可能就是给"小商贩"打工，甚至还不配给"小商贩"打工。

大学创业教育之低效

（2013-04-14）

大学创业教育轰轰烈烈，大学生自主创业率却未见提升。为什么只有投入不见产出？为什么高度重视不能换来实际成效？原因固然很多，但以下三点是根本：

目标定位。要把大学生培养成怎样的创业者？这是创业教育的出发点，也是创业教育的归宿。如果目标定位不清，或者目标定位不切实际，必然导致教育行为的混乱或者教育效果的无效。大学创业教育的定位，不论是本科还是高职，都要从实际出发，从学生能做的开始做起，从自我雇佣开始。更何况，大企业也是从小做起，大公司也往往来自小作坊。创业的起点不怕低，大事业往往来自量力而行和坚持不懈——创业忌讳的是好高骛远和夸夸其谈。当下大学的创业教育定位，不是来自学生的实际而是来自教师的主观愿望。人们认为大学生与社会上的人不一样，创业必须要有科技含量，必须要有创新，必须要与专业相结合，不可以去"卖猪肉"、"开网店"。如此所作所为，看上去很美，实际上都是空中楼阁；听上去很悦耳，实际上也不过是痴人说梦。科技、创新、专业不是不需要，但只有与实际嫁接，落地生根才有意义。今天的大学创业教育，要让学生们去创办"苹果"，却对模仿乔布斯在车库里小打小闹的创业行为不实际支持。如此创业教育，除了出几个华而不实的创业文本和组织几场含金量不高的创业竞赛外，还能对大学生的创业起真正的推动作用吗？

评价标准。创业教育的目的在于培养创业人才，有多少学生走自主创业的路，这些创业学生的创业业绩如何，理所当然是评价创业教育成效的标准，也唯有如此才能推动大学创业教育的开展和发展。奇怪的是，当下的大学创业教育似乎不是以培养创业人才为目的，更不是以创办了多少企业为标准，而是把学生的商业行为看成是离经叛道。就大学的理解，创业教育的目的在于培养学生的创业意识、创业精神，是为学生未来创业埋下一颗"种子"。然而，"意识"和"精神"是看不见摸不着的，说是标准，实际上等于没有标准，永远无法考核，永远无法评价。

培养途径。创业人才不是教出来的，是练出来的。要让学生真正走上创业之路，让学生真正成为一名工作岗位的创设者，而非竞争者，学校就要尽可能提供"练"的机会和平台，而不是让学生坐在教室里听。比尔·盖茨不是课堂里培养出来的，乔布斯也不是课堂里培养出来的，浙商更不是课堂里培养出来的，要想让大学生走上创业之路，就不能一味让大学生坐在教室里听讲。从教育行政决策机关到各个高校，要想真正推进创业教育，就必须反思"开了创业课为什么无助于创业率的提升"。

创业教育之困：非书本知识传授

（2013-04-30）

　　创业教育为什么不容易见效？创业教育为什么容易流于形式？这是因为创业人才的成长需要的是"练"而非"教"，而大学迷信并擅长的就是"教"。光有"教"而没有"练"，创业教育表面上热闹本质上无效也就成了必然。

　　传授书本知识，这难不倒大学。靠书本知识传授能解决的问题，大学都能解决。创业人才的成长，需要大学的知识传授，但主要是靠学生的亲身创业实践。没有学生的亲身实践，就不可能有创业能力的获得；没有学生的"练"，就不是真正的创业教育。"练"对创业人才成长的意义，许多大学并没有意识到，因而创业人才培养仍像在教室里培养游泳运动员一样。有的学校已经认识到"没有学生的亲身创业实践就没有真正的创业教育"，但怎么样让学生去"练"，怎么样让学生去从事创业实践，对大学来讲是陌生的，更谈不上是擅长的。创业教育的困难，就在于这是一件并非靠书本知识传授即可完成的事。

　　要让创业教育见效，要让更多的学生走上创业的路，学校就要千方百计为学生创设"练"的机会和平台，学生就不能指望通过一门课的学习就能让自己成为一名创业者。创业教育，本质上是一种"练"，而不是一种"教"。为了让学生的"练"得以持久，得以有效，特别要注意到以下几点：

创业氛围营造比创业课程开设重要。一个人的行为要得以持续，需要有一群人通过类似的行为，彼此影响和激励。就像一块木炭，即使烧得再红，也容易熄灭，而一堆木炭，不论是何种恶劣的环境也能熊熊燃烧。教育无他，氛围而已！

行为激励比知识传授重要。在创业实践中会遇到难以想象的困难，一个人也是在不断克服这些困难中才渐渐成为成功的创业者。困难是一个人进步的阶梯，困难也容易让人止步不前。让学生的创业热情不减，让学生的创业行为始终坚定，学校和教师的不断激励比什么都重要！

树立典型比编写教材重要。身边的创业明星、创业典型对于创业氛围的营造和对同学创业的激励具有无可比拟的作用。有的同学不仅"狂热"，而且"有天赋"，对于这样的"种子选手"，学校要无条件地为他创造条件。这样的学生容易成功，而且能带动一大片。身边的榜样对于一个人行为的激发和推动比任何说教都管用。

扶持创业行为比设立创业专业重要。创业行为充满艰辛而又不能间断，要想让学生创业的脚步迈得坚定，"让学生无障碍创业"，当是大学创业教育的底线。当下有太多的大学，对大学生的创业行为，在观念上不认可，在制度上不接纳，在管理上不包容，其必然结果可想而知：创业行为即便不是中途夭折创业，学生也只能中途退学。

当书本知识传授已不能解决问题的时候，大学当另辟蹊径，另谋出路。如果仍然试图通过发一本教材给学生、讲一门课给学生听来开展创业教育，那只能说创业的是老师而不是学生。

创业教育就是确保学生"无障碍创业"

（2013-05-03）

大学生创业为什么不容易成功？

为什么农民创业的成功率要远高于大学生？因为农民的创业更自由更自主，没有像大学生那样有那么多金科玉律的限制。

创业不容易，即使天时地利人和也不一定成功。如果还要受到干扰、打压，那是未起步即夭折。大学生准备创业，是要经过长时间思想斗争后才能做出的决定。这时候，学校如果推一推，学生也许就走上了创业之路；相反，学校如果压一压，学生极有可能立马放弃了创业。有超过70％的大学生有创业的想法，为什么付诸创业的学生不到1％？原因固然是多方面的，但不能不说学校的限制、束缚是造成大学生放弃创业的主要原因。创业过程中遇到的困难，随时都可能让创业者放弃创业。即使有学校的鼓励，大学生的创业行为也不一定能坚持。如果学校不加以鼓励和支持，学生的创业行为自然迅即终止。

以淘宝创业为例，这是最容易成功的创业，但对大学生来讲也难于上青天。接单、进货、发包是淘宝创业者最基本的创业行为。在现行教育模式中,这样的创业行为能顺利完成吗?创业行为处处受阻,又怎么可能会有创业的成功呢?大学生的成功创业率低得可怜,不是大学生不适合创业,而是这样的环境实在不适合大学生创业。

多数学校并不是故意与创业学生过不去,只是认为大学就是传授知识,学生就是在教室里听课。在这些学校看来,创业人才应当在教室里成长,在校期间的创业不仅不合适而且属于不务正业。当下多数学校还没有意识到创业实践本身也是学习,更没有意识到创业人才只能在创业实践中成长。现行的教育体制使得创业学生仍然难有立足之地。

当然,不能因为倡导创业教育而对现行教育全盘否定。倡导创业,并不是说同学们都要创业,毕竟创业的还是少部分学生。有效的教育,就是因材施教。为就业与创业的同学提供不同的教育是学校的责任和义务。构建有别于现行教育模式的适合创业人才成长的教育模式也许需要比较长的时间去进行探索,但有一点可以肯定:这种模式一定要确保创业大学生的"无障碍创业"。

创业教育课程怎么开

（2013-10-01）

　　创业人才是"练"出来的，不是"教"出来的。那么，是不是创业教育就不需要课程了呢？对此，不可以简单地用"要"或"不要"来回答。有的课程无关紧要，而有的课程却又不可或缺。真正有效的创业课程，是与传统课程截然不同的。用传统的课程观来理解、开设创业课程，其必然的结果是对学生创业行为的扼杀而非推进。创业课程要想有效，或者说创业课程要想成为必需，以下的特性当是重中之重。

　　授课场所非教室化。创业人才是在创业实践中成长起来的，让学生放下手头的创业工作而到教室中去听课，这不仅是对学生创业的剥夺，也是对创业学生成长的剥夺。真正的创业教育课程是贯穿学生创业全过程的，学生的创业现场才是创业课程教学的场所。校内的创业园，学生的公司车间仓库，甚至是创业学生的生活场所，才应该是创业课程教学的真正"教室"，这也就是人们所熟悉的"做中学"、"教学做合一"。那些"唯有课堂教学才是教学"的做法，已是创业教育取得成功的最大敌人和障碍。试图通过传统的课堂教学来实施创业教育，那就像在教室里培养游泳健将一样可笑。

教学时间非固定化。传统的课堂教学安排都有严格的时间和地点的规定，这种规定都体现在人们所极为熟悉的"功课表"上。创业教育的课程开设，也有其教学计划，也应该有"功课表"。但这"功课表"与传统功课表却不一样，也不应该一样。教师的授课没法在规定时间内进行，而要从属于学生的创业活动，学生的创业时间就应该是课程教学的时间。这种课程教学，看上去没有传统课堂教学那么费劲，但老师的工作时间可能更长；这种课程教学似乎过于随意，却要求老师要有超强的解决实际问题的能力；这种课程教学给人的感觉是没有系统的知识学习，却有益于学生将知识转化为能力。教学时间的非固定化，这就要求学校对开设这些创业教育课程的老师的评价和考核要有全新的思维和理念，从工作量到教学业绩，从劳动纪律到教学规范，从奖金发放到职称晋升，都要有与传统做法不一样的标准和方法。

教学内容非预设化。传统的课程教学内容都是预设好的，一门课程在一个学期或一个学年中要学习的内容在升学前都已确定，中途不可随意改变。而创业教育的有关课程内容尽管也会有事先的计划安排，但要视市场变化、学生需要随时做调整。如果说传统课程内容是预设好的，那么创业教育的课程内容是逐渐"生成的"。前者强调课程知识的系统性和逻辑性,而后者强调的是知识的应用性和适用性。生成性的课程,贴近实际,联系当前,不仅有利于解决实际问题,也有利于激发学生学习兴趣。创业环境瞬息万变,特别需要这种生成性的创业课程。创业课程的非预设化,看似有失严谨和严肃,实际上却对老师提出了更高的要求。一名教师除了要对知识体系有高屋建瓴般的把握外,还要特别了解创业环境的变化和创业学生的需要,需特别擅长将理论与实际结合起来。如此一来,既满足了学生对知识的渴求,又解决了学生当下创业中遇到的困难,这样的课程才配称合格的创业教育课程。

教学方式非讲授化。教师"讲"、学生"听"是传统课堂基本的教学方式,这种方式对"已知知识"的传授可以说是最经济最便捷的。然而,对于创业实践可能出现的结果,在许多情况下不仅对学生是"未知的",就是对老师也是"未知的"。既然没有"先知",也就不可能有"讲授"。可以肯定地说,目前创业教育中大量的"讲授",不仅劳民伤财,而且误人子弟。老师可能更有学问,但也不可能点石成金;老师可能更有经验,但也不可能什么都知晓。对于"未知领域"的探索,需要师生间的协商、互助、讨论。创业教育中的师生关系应该类似于运动场上教练员与运动员的关系,是在"练"中探讨,是在"做"中求解。统一问题统一讲,个别问题个别讲,这是运动场上常见的指导方式,同样也应该是创业教育中常见的指导方式。创业教育应该是师生互动的一种创业实践,而不是教师照本宣科,学生被动听讲的"课堂教学"。

　　向创业教育成功的学校学习,人们首先想得到的是对方的教学计划。知道对方开哪些课程固然重要,但比这更重要的是要知道对方是怎样开展这些课程的。对课程的不同理解和做法,同样的课程所产生的作用可能会有天壤之别。

创业学生被退学，谁之过？

（2013-10-04）

从中央到地方，从教育部到各高校，都在大力倡导大学生创业。然而，又不时听到响应号召付诸创业实践的大学生被勒令退学。一方面要学生创业，一方面又迫使创业学生退学，大学如此口是心非、言行不一，到底意欲何为？

对此，大学总是能找出一大堆堂而皇之的理由：因为有多门课程考试不及格，按照学籍管理条例之规定必须退学；因为多次旷课，按照学生守则之规定必须退学；因为在外租房夜不归宿，按照上级文件之规定必须退学……每一条理由，似乎都能摆到台面上。不过，稍加分析，人们就能看到这些理由早已不成为理由了！

学校里确实有这些规定，我并不是说学生可以不遵守。问题是，这些规定，都是非创业时代的规定，都是培养就业人才的规定。如果不倡导创业，这些规定不能说不合理。今天鼓励大学生创业，时代变了，原先的规定适用与否，必要与否，都值得商榷。

就业人才的培养与创业人才的培养有着质的不同。如果说，就业人才可以通过坐在教室里"听"便可以成长的话，那么创业人才的培养仅靠坐在教室里"听"是绝对不够的。创业人才的成长，主要不是靠"教"，而是靠自身的"练"。"教"的模式与"练"的模式截然不同，适用于"教"的规章制度理所当然不适用于"练"的模式。如果一定要创业学生遵守非创业时代的规定，这不是与当今的妇女仍然要按封建社会的要求去裹脚一样可笑吗？

倡导大学生创业，不是比谁在嘴里喊得响，而是要采取扎扎实实的行动。这个行动，不是别的，就是要构建起适合并推动创业大学生成长的规章制度。今天的创业教育，缺的不是口号而是真正的行动。

今天自上而下倡导大学生创业，就是要求对现行教育进行改革。

学生付诸创业，是经过长期的思想斗争才作出的决定，实属不易，学校本该给予鼓励肯定才是。学生的创业行为可能还显稚嫩，处理问题可能还欠周全，在"创业"与"学业"的矛盾处理中也可能会有欠妥的行动，更何况"按常规出牌"也不是创业人才的特点，学校应该多一分理解，多一分宽容。

何为创业型大学

（2013-10-10）

创业型大学自然是从事创业教育的大学，所以，要回答"何为创业型大学"，就必须先搞清楚"何为创业教育"。

创业教育是培养创业人才的教育，而现行的教育是以就业为导向的。那么，培养创业人才的创业教育的本质特点是什么呢？创业教育与现行教育有什么不同呢？

不同人才的成长规律是不一样的，教室里不可能出游泳健将，泳池里也难以诞生诺贝尔奖获得者。有效的教育就在于遵循人才成长的规律，无视规律的存在想当然地另搞一套，不论冠以多么动听美妙的词语，失败都是必然的。

创业人才是怎么成长的呢？创业人才主要不是"教"出来的，而是"练"出来的。要培养创业人才，学校就不能一味地"教"，而要创造条件为学生充分的"练"提供可能和保障。当下，很多大学都非常重视创业教育，但培养出来的创业学生为什么寥寥无几？原因就在于没有按创业人才成长的规律去办学，还是试图通过老套路让学生在"听"的过程中成长为创业人才。是不是创业型大学，不是看谁口号喊得响，而是要看适合创业学生成长的教育模式是否已经形成。

没有学生的"练"就不称其为创业教育，要实施真正的创业教育就必须实现从"以教师的教为主的模式"向"以学生的练为主的模式"的转变。"教"与"练"是两种思想、两种理念、两种体系。实施创业教育，实质上是对传统教育从理念到操作、从教学到管理的一次颠覆。学生在校从事创业实践，都在"练"了，以下问题必然接踵而至：

大学传承知识的功能何以保障？

没有系统扎实的知识基础，学生何以可持续发展？

教育关注的是人的和谐发展，一味地"练"是否会让学生变得唯利是图？

学生要"练"，"练"的条件何以保障？

学生都在"练"，学校有效的管理秩序何以维持？

因"练"而产生的债务纠纷、人身安全责任由谁承担？

学生"练"的自主与学校管理的责任之间引发的矛盾何以解决？

"练"关注的是市场，大学的学习是基于专业，创业与专业的关系何以协调？

学生都在"练"，还需要课程吗？如果要，那又如何确保课程教学质量？

没有了传统的教学方式，如何对教师实施考核与评价？

学生"练"的形式和内容千差万别，还需要对学生进行考核吗？如果要，又该如何考核？

何为创业型大学

学生"练"了一半"练"不下去了，学校该怎么办？

不可能每个学生都在"练"，怎么样实施对"练"与不"练"学生的分类管理？

......

在实施创业教育过程中，遇到的问题一定远不只上述这些。许多热衷于创业教育的学校为什么刚起步就止步，就是因为两种教育在观念层面、制度层面、操作层面的众多冲突和矛盾让学校顷刻间变得心灰意冷。如果没有深厚的理论上的素养、勇于承担责任的勇气、善于化解矛盾的能力，要想推进创业教育几乎是不可能的。

配称创业型大学的大学，一定完成了从教师的"教"到学生的"练"的整体转型，一定从理论、制度到实践构建起了自己"练"的完整体系。如果还是把学生关在教室，那么即使有再多的关于创业的文本、书籍、大会、规划、研讨，与真正的创业型大学还是差之千里万里。

莫让创业学生成"地下党"

（2013-10-20）

从中央到地方政府，从教育部到各高校，都在倡导大学生创业。然而，当大学生响应号召付诸创业的时候，又好像成了"地下党"，创业活动都必须在秘密状态下进行。

请个假不可以，缺堂课受处分，脱班活动遭批评，校外租个房是违规，考试差几分有可能遭除名，如此这般，大学生创业往往未起步已夭折，即使活下来，也只能转到"地下"。

我知道学校要有校纪校规，我也并不是说学生可以不遵守校纪校规。但我们也要知道，规章制度是有适用范围的。一定的规章制度在一定的范围内可能是必需的、合理的，但在另外的领域则可能是多余的、荒谬的。普通学校禁止学生下水不能说不合理，但如果培养游泳运动员的体校也参照执行，那就是荒谬绝伦的事了。如果一定要强制执行，那么学生们也就成为"地下党"，只能悄悄下水。

创业人才的成长有其自身的规律，"实践"是创业学生成长的基本途径。真正的创业教育，绝不是把学生关在教

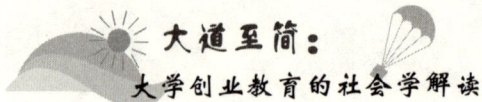

室里听老师讲课,然后死记硬背考一通就完事的,而是要学生付诸真刀真枪的创业实践。传统的教育模式不可能培养出创业学生,适合传统教育模式的规章制度自然也不适合对创业学生进行管理。要想在创业教育上真正有所作为,就要将创业学生与非创业学生区别对待。两者培养的模式是不一样的,学习的内容是不一样的,评价的方法是不一样的,管理的制度自然也是不一样的。创业不易,需要大学生本人全身心付出,也需要学校全力帮助。真正的创业教育就在于"让学生无障碍创业"。

创业的路上不拥挤

（2013-10-24）

创业不易，但相对于就业而言，创业一点也不比就业难。

99％的大学生选择了就业，只有1％的大学生选择创业，哪条路容易走，哪条路竞争更激烈，答案不是明摆着吗？

公务员考试在即，上千名大学生争夺一个岗位极为常见。明知自己是"炮灰集中营"的一员，还要义无反顾上"战场"。勇气可嘉，但也不得不怀疑当今大学生的"职业观"是否出现偏差。

社会上许多成功创业者并没有上过大学。没上过大学的尚能创业成功，看来创业并没有像有的创业指导老师所讲的或一些社会人士所认为的那样难。

有人说创业需要资金，但也要看到有的创业并不需要多少资金。像淘宝创业，需要的资金还买不到两瓶茅台。就业的路上，靠两瓶茅台就能打通关节了吗？什么样的大学生容易创业成功？恰恰是那些家庭贫寒的大学生。可见，创业不成功，不是因为没有钱，而是家里钱太多。

23

有人还会说创业有风险，事实上做什么事都会有风险。就业没风险？考公务员没风险？更何况，就业了也有失业的风险，考上了公务员还有"犯错误"的风险。一个人只要从能做的开始做起，从自我雇佣开始，创业风险是可控的。许多所谓的创业风险，都是没创过业的人凭空想象出来的。

大学生也一定会说，自己真不懂创业。但为什么不会创业呢？这就像没下过水不会游泳一样，是因为没有从事过创业所以不懂创业。创业的本事是从"做"中获得的，创业能力是"练"出来的。只要付诸创业才能懂得创业，只要行动才能成功。

社会上没上过大学的人为什么创业成功？是因为他们连就业的资本都没有，不得已只能创业。没有文凭，创业的脚步特别坚决；没有更多的选择，创业的意志特别坚强。

不要因为自己的文凭让自己变得患得患失，不要因为自己是大学生而让自己犹豫不决。只要像社会上那些想就业却连报名资格都没有的人一样去"闯"、去"创"，自己不仅同样会成功，而且一定会取得更大的成功。

赶路要早，不要等到毕业时走投无路了才想到要出发。慌不择路不仅容易跌跤，也容易找不着北。

政策不只是给钱

（2014-02-12）

一、遵循规律，以练代教。不同人才的成长规律是不一样的，不同人才培养的方式自然也是不应该一样的。当下的创业教育之所以成效不大，其原因就是没有遵循创业人才成长的规律，而是延续了就业人才培养的方式方法。创业能力是"练"出来的，不是"教"出来的，要让创业人才得以成长就必须让其付诸创业实践。马化腾说得好："不是因为会了才去做，而是因为做了才会！不是因为有了机会才去争取，而是因为争取了才会有机会！不是因为成功了才成长，而是因为成长了才成功！"把创业人才关在教室就等于不让游泳运动员下水，不论多么努力不论多少投入都是白搭。学校总是试图先教会学生创业然后再让学生去创业，这看上去天衣无缝，殊不知这与"在学会游泳之前千万不要下水"的劝导同样愚昧和可笑。要让创业教育见成效，绝不是开一门创业课程就完事的，必须让学生付诸真刀真枪的创业实践。可以说，没有创业的实践，就不可能有创业人才的成长和创业率的提升。许多时候，学生创业能否成功，并不在于能得到多少资金，也并不在于能减免多少税收，而在于创业能否被允许，能否以制度形式予以保障。因此，对大学生创业的政策扶持，比基金、贷款、免税更重要的是对大学生创业行为"正当性"和"合法性"的肯定和保障。

二、确立目标，量化考核。德鲁克说过："管理是一种实践，其本质不在于'知'而在于'行'；其验证不在于逻辑，而在于成果；其唯一权威就是成就。"没有目标，不构成管理；没有可验证的考核标准，必定是无效的管理。当下创业教育的低效和无效之所以成为必然，除了违背客观规律外，就在于创业教育的"无目的"和"反目的"。有不少人认为，创业教育不在于创办企业，更不在于赚多少钱，而在于培养学生的创业意识、创业精神。如此目标给人的感觉是高尚、远大、正确，实际上如此目标是说了也白说，有也等于无。意识和精神，永远无法考核，永远无法验证。无法考核、无法验证的创业教育，能不成为一场闹剧一场游戏吗？当下的创业教育不仅大量存在"无目的"的论调，还存在着大量"反目的"的行为。

三、围绕创业，创新管理。创业教育的落脚点是学生的"练"，现行的教育体现在学生的"听"，但本质上是两种体系、两种模式。有的学校也知道"练"在创业学生成长中的作用，但延续的仍然是现行教育的做法和管理，结果学生的"练"不得不终止，创业教育也只能偃旗息鼓。要想让以学生的"练"为主的创业教育得以真正实施，就必须对现行教育从理念到操作实行颠覆性的改革，并从政策层面予以保障。从教学形式上讲，课堂教学不再是教学的主要形式，而需更强调现场教学、个别指导和师生讨论；从课程内容上讲，不再是事先的"预设"，更多应强调的是随机的"生成"；从教学方法上讲，突出的是师生的交流，关注的是学生的体验；从教学的时间地点上讲，只能说学生创业的过程便是教学的时间，学生创业的地点就是教学的场所；从考核评价上说，教师的业绩体现在学生的成长上，学生也是在创造价值中体现自身价值；从对学生的生活管理讲，学校的围墙不再是学生活动的边界，走进社会、走南闯北、移居校外都将是创业学生的常态；从创业和专业的关系上讲，学生有选择成长的权利，放弃专业选择创业的愿望和行动都应得到支持；从师生关系上讲，学生是创业的主体，自主决策，自我投资，自己管理，自负盈亏，教师只是参谋，只是教练；从教师成长上讲，"临床经验"成了创业指导老师不可或缺的条件，创业指导老师从事创业工作不仅应该得到允许更应该得到鼓励。创业教育是一种全新的教育，理所当然要有与之相应的管理和政策。

四、力挺改革，包容过失。创业教育是一种全新的教育，从观念到操作，从教学到管理，从日常工作到制度建设，从教师配备到场地安排，从社会资源争取到创业基金筹措，等等，所有的一切都没有现成的路可走。更困难、更艰巨、更富有挑战性的还远不止这一些，新旧观念的冲突，新旧制度的矛盾，新旧文化的厮杀，往往能让创业教育未起步即夭折。一名创业教育的推动者，不仅要付出更多，还要承担更大的责任和风险。简单举一例子，创业学生活动范围广，管理中遇到的不测事件就会更多；创业活动是不能间断的，学校也就不再有寒暑假或节假日。一名校长如果不以学生发展为本、不以改革为己任，能自觉地去推进创业教育吗？一名校长如果患得患失、明哲保身，遇到困难还会坚持创业教育吗？一名校长如果没有铁的意志、百折不挠的精神，能够把创业教育进行到底吗？现实中，有太多的一票否决，有无限的责任承担。如果有宽松的改革环境，有对改革者的保护，我敢说创业教育中遇到的许多困难都将不再是困难。对创业教育推动者的支持、保护和褒奖远比对创业教育扶持更重要，更有利于提高自主创业率。

创业教育:大学不如市场

（2014-03-07）

全国有许多类似义乌小商品市场的场所,这些市场是商品交易的场所,不承担育人的责任。然而,在培育创业人才方面,大学这一"职业选手"却根本不是市场这一"业余选手"的对手。凡进入市场经商的人,基本上距离成功的创业者不远。上了大学的,也不乏想成为创业者的人,但成功的比例却很小。进入市场当老板,进入大学打工,不合逻辑,但是事实!

市场没有任何大学所具有的创业教育的条件:教授、课程、专业、教材、教室、考试、评比、实验室、教改项目。而且,进入市场的人大都是考不上大学的人或是想就业却连报名资格都没有的人。按理,市场根本不是大学的对手,事实却恰恰相反。这是为什么? 这不值得我们反思和检讨吗?

就育人条件而言,市场真可谓一无所有。然而,一无所有的市场却具有大学所不具有的"实践的时间和机会"。市场的经营者,没有太多的知识,也没有老师的教导,甚至找

29

本书看看都是困难的事。他们只知道埋头苦干，只知道不知疲倦地进货、守摊、叫卖、打包、发货。在这过程中，他们真没法获得大学生能够获得的考试分数、毕业证书，然而他们却获得了能吸纳大学生前来就业的本事和能力。他们从摆摊到办公司，从零售到批发，从内贸到外贸，一名创业者必备的素质和能力就在这样的业务活动中逐渐得到锻炼和提升。

市场经营者的成功清楚地告诉我们：创业能力不是教出来的，而是练出来的。或者说，没有练，再好的教师、再好的教学设施也不可能将一个人教成一名成功的创业者。今天的大学似乎什么都具备了，唯独缺学生的"练"，其失败也就成了必然。

当然，我并不因此认为，大学会关门，或者说市场可以取代大学了。大学如果能从市场中得到启发，改变自己的教育模式，那么在创业人才培育上还是可以有所作为，甚至可以有更大的作为。

赚钱，是创业教育的目的

（2014-03-18）

创业教育是为了让学生创办企业，创办企业的目的理所当然是赚钱。所以，一言以蔽之，创业教育的目的就是让学生学会赚钱。

有太多的人骨子里爱钱，却又羞于言钱。正是因为如此虚伪，让本已十分明朗的创业教育的目的变得云里雾里，让人不再知道创业教育究竟是为了什么。

什么创业教育是为了培养创业精神，什么创业教育是为了培养学生的创业意识，什么创业教育是为了给学生埋下一颗创业的种子，什么创业教育首先要让学生成为一个"全人"，什么创业教育在于培养学生的企业家精神，什么创业教育不可轻道重器，等等，不一而足。诸如此类的表述，看似天衣无缝，但都是正确的废话。永远无法验证、永远无法评估、永远无法考核的创业目的，自然让创业教育难以见效。要说当下大学生自主创业率低下的首要原因，就是太多的人不敢承认创业的目的就是赚到钱。

有人担忧"讲钱就会让人变得金钱至上"，这事实上与

31

担忧"讲市场就会让人的心变黑"一样无知和可笑。市场最大限度地调动了人的积极性，也在最大限度地规范和调整着人的行为。唯利是图的人在市场中是没有"市场"的，同样，金钱至上的人也是不可能真正获得金钱的。

直言赚钱，似乎有些庸俗，但能让人迅速明白创业教育是为了什么，更为重要的是，让人的积极性迅速得到了调动。任何教育，倘若没有学生的积极性，都是多余的存在！教育的有效，不在于表述得多么动听，而在于能否调动起学生的积极性。学生在创办企业的过程中，主观能动性得到了最大限度的挖掘，也有可能有的人因此变得唯利是图，但绝大多数人收获了金钱，更收获了责任、尊严和能力。没有了学生的积极性，教育也就成了摆设，什么创业精神、创业意识、创业种子、企业家精神统统不过是文字游戏而已。当学生在创业教育中不知道自己要做什么的时候，所谓的"全人"也就成了"死人"，所谓的"轻器重道"到最后落得个既"无器"又"无道"。教育不能仅仅停留在对美好愿望的表达上，更重要的是要怎样让美好的愿望变成现实。呼口号的创业教育可以迷惑一些人，但永远也无助于大学生成功创业。

让人们清晰地意识到"赚钱不仅是创业教育的目的，而且还是创业教育的手段"，这不仅关乎创业教育的成败，也关乎当今的教育是否能变得真诚。

创业成功的秘籍

（2014-03-20）

创业似乎很难，让许多人望而却步。创业又似乎很容易，许多不怎么会读书或者没读过多少书的人都成功了并赚了不少钱。是什么决定了一个人创业成功与否？是不是真的有成功创业的秘籍？

在回答上述问题前，我先讲两个真实的故事。

上海世博会期间，我的许多学生在网上卖"世博凳"赚了很多钱。有朋友对此既羡慕又好奇，总是不断问我是怎样把握住商机的。实事求是讲，我们根本没有预料到参观世博会要排几个小时的队，排队都没料到，怎么可能料到游客排队时用的凳子？之所以把握住了商机，是因为在世博会前我的学生就在卖后来成为"世博凳"的凳子了。最早卖此类凳子的是当时大二的一名男生，该男生开淘宝店，但生意一般。他在到实体市场考察，寻找适合在网上销售的货源时，不经意间发现了这种凳子，可折叠又便于携带。当了解到此凳子主要卖给乘火车没座位的人的时候，他有些泄气，心想这市场太小了。但这凳子太有创意了，而且也没人在网上卖，该男生就买回一条挂在网上。想不到的是，第二天接到的第一个单子就是 200 条凳子，老年活动时作为送给老人的礼物。紧接着第二个单子是 120 条，幼儿园开学每个小朋友一条。第三个单子就更大了，是江南某本科院校校庆大型团体操排练所需，共 2000 条。原本想是个别乘火车没座位的人买的，没想到实际遇上的都是大单子。每条凳子有两元钱的利润，市场又很大，许多同学也跟着在自己的淘宝店铺上卖起了此凳子，后来世博会开张，同学们也就抓住了机会赚到了钱。

第二个故事就发生在最近。我校大二一女生，是淘宝双皇冠卖家，还有实体公司，共有六名员工，生意红火。我向她讨教是怎样把生意做大的，她说自己运气不错。开始时，每天接到的单子很有限，创业之路走得很不易。其父母的朋友在实体市场做买卖，经营的是针织品，父母建议她去进一些针织品放在网上卖。该女生听了父母的意见，就去见父母的朋友，结果不巧，父母的朋友正在出差。正当自己感到不走运的时候，与父母朋友店铺相邻的店铺所售卖的"戒指手表"让自己产生了兴趣。这款产品，既是戒指又是手表，戴在手指上既漂亮又可以知道时间，她就进了货在淘宝网上售卖。该女生也没指望有多少订单，只是觉得戒指手表比较好玩。然而，出乎意料的是订单源源不断，而且利润丰厚。戒指手表带来的客流量一下子就让店铺红火起来，其他的商品也随之热销，不到一年的时间，店铺的信用等级就达到了双皇冠。

看了上面的故事，有人可能会觉得创业异常简单，一点也不神秘。是的，我的学生能做的，也是每个人都能做的。我的学生没有特别之处，他们只是做了人家没有做的事。我相信，任何一个大学生只要像我的学生那样去做，他们也一定能做成甚至做得更好。但是，如果不付诸行动，那将一事无成，哪怕是再简单再容易的事。

看了上面的故事，有人可能还会认为我的学生运气真好，并可能会进一步认为正是因为有这样的好运才使得创业成功。表面上看，我的学生是运气很好，好机会似乎都给了他们。但是，只要稍加分析，就不难看到，是去做了才有运气，而不是有了运气才去做。运气也好，机会也好，永远都是对执着者的一种馈赠。

人们应该明白，创业实际上很简单，并没有什么秘籍。如果一定要说有什么方法，那就是必须付诸行动，必须去做。只要坚持去做，成功就不会太遥远。

■ 创业成功的秘籍 ■

轻轻松松当富翁

（2014-03-23）

　　电子商务真好，就创业而言，就像洗了牌一切都重新开始了，每个人发展的机会从来没有像现在这样均等。

　　资金的壁垒没有了。穷人创业不再是不可能的了，开个淘宝店几百元流动资金即可，曾经的不可能都成了可能。

　　区域的壁垒没有了。不论身处何地都在同一个地球村，发达地区与落后地区在网上都是同一地区，生意的难易与所在的区域不再有必然的联系。

　　身体的壁垒没有了。身体不论多么虚弱只要能敲键盘就能胜任创业，有的残疾人从前可能会成为社会的负担，今天却成了财富的创造者。

　　知识的壁垒没有了。智能手机对孩子来说都不再是问题，电子商务对年轻人来说还有知识与技术上的障碍吗？

　　在我的学生中，有一位生活费没着落的学生，在创业第三年就做到了过亿的销售额；有一位卖纸箱卖胶带纸的学生赚到的是保时捷汽车；有一位自上学起就做快递业务的学生，三年中的总收入超过 70 万；有一位上学时不知道淘宝为何物的女生做了两年淘宝就在学校设立了奖学金；有一位在入学前住火车站候车室的学生到大二结束时有了三辆汽车和三家公司；有一位在校学生创业一年半后所招聘的员工就达 85 人。类似的学生还有很多很多，我们每年有超过 15％的毕业生是以老板的身份毕业的。他们的成功，首先应该感谢时代，感谢互联网，感谢电子商务。如果不是这样一个好时代，我不能想象他们的未来会是怎样。

这个时代真是太好了，淘宝让我的学生变成了富翁。当淘宝创业变得似乎有些困难的时候，跨境电子商务又给了他们更大的创业舞台。

第一，利润率高。跨境电子商务的利润可保持在销售额的三分之一以上，我的学生月销售 3 万美元，利润在 1 万美元左右。淘宝创业的人数越来越多，竞争日益激烈，利润空间收窄，而跨境电子商务就像五年前的淘宝，经营人数少，全球的市场又很大，利润自然也就可观了。

第二，经营便捷。老外没有讨价还价的习惯，只要自己的商品质量过硬，服务到家，买卖的过程可以既便捷又愉快。技术上也没有更高的要求，语言上的问题完全可以由翻译软件解决，每一个年轻人都能胜任。

第三，物流保障。物流曾经是跨境电子商务发展的一个瓶颈，目前跨境物流已大为改观。以往发往俄罗斯的邮包运送半年时间也属正常，现在 20 天就能到达，而且可以肯定的是这样的周期还将会进一步缩短。随着海外仓储的发

轻轻松松当富翁

展，物流成本还将会进一步降低。

有许多年轻人一想到就业，心就发抖。延续传统的思维方式，那真是无路可走。但是，只要思维转个弯，立即就会变得海阔天空，电子商务时代完全能让自己轻轻松松当富翁。

不能自立，难言社会责任

（2014-03-31）

天下兴亡，匹夫有责。承担社会责任，对大学生而言天经地义。

有许多大学生过多地考虑了自身的利益，放弃了社会责任的担当，这确实让人感到失望和担忧。

然而，更让人担忧和失望的是，有不少大学生整天把社会责任挂在嘴里，却不做一点对社会有益的事。更可气的是，当有的学生心无旁骛地创业的时候，当有的学生不辞辛劳兼职打工努力养活自己的时候，却被他们指责为"膜拜求物质"。

承担社会责任，不是表决心，也不是呼口号，要从养活自己开始。自己都不能养活自己，自己的社会责任体现在哪里?!

衡量一个大学生是否有社会责任感，评判一个大学生是否在承担社会责任，只要看看其父母的心态即可。父母放心了，这个人也基本上不再是社会的负担了；父母高兴了，这个人也往往在为社会做贡献了。大学生切莫说大话，让

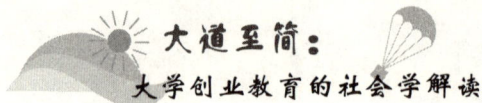

自己父母放心是自己承担社会责任的起点；让自己的父母高兴是自己为社会做贡献的前提。自己上了大学，连个谋生本领也没有，父母能放心吗？拿到了毕业证书，连个工作岗位都没有，还得靠父母养活自己，父母能高兴吗？天下的父母都放心了，天下就太平了；全体父母都高兴了，社会也就稳定了。

自己能养活自己了也不一定会承担社会责任，但养不活自己（生活不能自理者除外）肯定谈不上在承担社会责任。真正有社会责任感的人，肯定是从对自己、对父母负责开始的，一定是从点点滴滴小事开始做起的。一个连自己都养不活的人是没有资格对社会责任高谈阔论的。

"不讲条件"是创业者的首要条件

（2014-05-04）

五一节国务院决定给开网店的大学毕业生提供贷款支持。此消息一发布，我迅即收到一些来自天南海北的"贺信"。有的说我"始终走在时间的前面"，鼓励大学生网上创业领先国务院十年；有的说我是中国倡导大学生开网店第一人；有的说国务院的决定是教育思想上的"拨乱反正"，是对我的"平反"。有那么多的包括未曾谋面的人记挂着我，还是让我有着几分激动。

不过，马上引起我思考的是，资金确为创业不可或缺之条件，但创业最关键的并不是资金，比资金更重要的是一个人"不等不靠不要"的品质。就像给钞票不能让人生长出思想一样，给了钞票也不一定能让大学生创业成功。创业是一个从无到有的过程，什么条件都具备了那叫上岗就业。

等待，让人失去机会；依靠，让人失去成长；要求，让人失去担当。创业的本质是"创"，没有条件创造条件，没有机会创造机会，这才是真创业。我在选拔创业学生的时候，始终将"不讲条件"看成是首要条件。这些不讲条件的学生，从表面上看是最不具备创业条件的，他们可能连生活费都没着落，但他们身上有着创业成功者最重要的品质，那就是"不等不靠不要"。大学生创业实践也表明，贫困大学生创业更容易成功。

更何况，开网店也不需要多少资金，我的学生往往是从生活费中节省下来的一些零花钱开始起步的。开始的时候，都是接到单以后再去进货，而且初创期也接不到那么多的单，一两百块钱也就周转过来了。从自我雇佣开始，从能做的开始做起，从赚小钱开始，积少成多，聚沙成塔，这是电子商务创业者共同的经历。而且，资金压力越大的学生，求胜心越迫切；生活压力越大的学生，越能调动起自身主观能动性；越是负债的学生，越是不怕苦，越能坚持。许多学生创业不成功，不是因为没有资金，恰恰是因为资金太多。如果能断了一个人的后路，断了一个人"等靠要"的念头和可能，我敢说，一定会有更多成功的创业大学生涌现出来。

缺乏资金是最容易成为人们不付诸创业或创业不成功的首要理由，事实上一个未付诸创业的学生是难以真正体会到资金的重要性，甚至到手的资金怎样花都可能不知道。国务院的资金扶持，让那些不付诸创业的学生不再有对自己的行为合理化的理由，而对那些走上创业之路正面临资金短缺的学生来讲可谓是雪中送炭。

要感谢国务院的决定，但我更期待大学生的自我觉醒。当明白，创业既为自己更靠自己。

你的创业为什么不成功

（2014-10-10）

在同样的时代，处于同样的环境，你自身的学业、家境也一点不比人家差，但是你的创业就是难以见效，就是做不大。这是为什么呢？我介绍几位成功创业者的事例，也许对你寻找到答案会有些帮助。

刘鹏飞，2011 年被评为全球十大网商，现创办的企业不少于 6 家。2007 年本科毕业，身揣 5 块钱来到义乌，从给他人打工寻找落脚点开始一步步走上创业之路。创业必须说做就做，瞻前顾后失去的不仅仅是机会，还有自己创业的热情和斗志。本科生可选择的道路更多，这也更容易让自己下不了决心。选择时的举棋不定，怎么能让创业的脚步迈得坚定？刘鹏飞本科毕业，找个工作自然不是问题，然而他毅然地选择了创业，而且他的创业是真正的零基础零起点。敢于背井离乡，甘愿寄人篱下，勇于破釜沉舟，这就是刘鹏飞！你从刘鹏飞身上看到了自己的差距了吗？

何洪伟，2010 年被评为全球十大网商。出生在贫困山区，上大学时学费交不起，生活费没着落，只能在校园里踩三轮车混口饭吃。2005年淘宝创业，当做到信用等级5颗钻的时候，他发现了更大的商机——做淘宝的人越来越多了，他们都需要货源，满足他们货源的需要不就是巨大的商机吗？何洪伟立即建立起了专为淘宝卖家供货的批发网站，网站一建好，三轮车迅速变宝马，2009年销售额超过1.3亿。何洪伟能迅速做大做强，就在于能够审时度势，对市场变化把握得特别准，抢抓机会特别及时。机会是不断变化的，而且稍纵即逝。你没做大做强，可能在随机应变捕捉商机上还缺一分敏感和果断。

杨甫刚，2009年毕业的时候是开着凯迪拉克的车子离开学校的，当时他的双皇冠淘宝店铺要实行股份制改造，评估后他的店铺值200万，他的股份就是200万。他有什么与众不同之处？他是不是有家庭资助？什么都没有，他出生在很平常的家庭，他自己读书也不断遇挫，考大学考了三年才上了高职院校。如果说有什么不同的话，那就是他一上学就想创业，而且不是想想而已。杨甫刚一到学校就在学生公寓捡可乐瓶矿泉水瓶，每个瓶子赚不到一分钱，但他乐此不疲。捡到的瓶子堆满了卫生间，拍成照片晒在网上，很是自鸣得意。后来寝室有了网络，他就用捡瓶子赚来的钱开起了网店。谁都做了创业的梦但谁都不行动，瓶子谁都会捡但谁都没捡，成功与不成功的距离说不定就在做与不做之间。

石豪杰，河南巩义市人，2009年高考结束第二天就来到了义乌，身无分文，头两个晚上只能住在民政部门救助中心，第三个晚上起住在火车站候车室。也就在那时，他开始了淘宝创业。大二结束时，他拥有了 3 家实体公司和 3 辆汽车，第三辆汽车还是奥迪 Q5。直接和间接养活的员工500 多人，创造了大学生创业的奇迹。要问石豪杰的成功秘籍，还真不容易总结和概括。在我看来，他唯一与众不同的，就是高考一结束就着手创业。其他同学也想创业，但要等到开学报到后。看似只有三个月的时间差，实际上反映出的是创业紧迫性、迫切性的差异，创业求胜心、求成心的差异，创业意志力、坚定性的差异。说不定正是这种差异决定了一个人创业的成败。一个人只有紧迫感才能见缝插针，只有求成心切才能做到不等靠要，只有意志坚定才能百折不挠。

成功一定有成功的原因，但上述创业成功者能做的好像多数人都能做。你只要像他们一样做，成功离你也不会太遥远。

感谢互联网 感谢电子商务

（2014-06-02）

文盲，不再是不识字的人，而是不会学习的人；

残疾人，也不再是四肢不健全的人，而是不会上网的人；

贫穷者，更不再是身无分文的人，而是不会利用电子商务的人。

人们曾经为找一份工作而四处奔波。当今，工作就在自己家里，就在自己心中。

本科生是打工的命？

（2014-11-01）

　　什么是命？命就是一种理念，命就是一种思维。就一个人而言，有怎样的理念，有怎样的思维，就有怎样的命。

　　本科学历为一个人谋得一份固定的工作提供了可能，这种可能又强化了一个人上大学就是找一份工作的固定想法，从而不再有冲劲去创业。

　　是思维定式，使自己作茧自缚；

　　是白领情结，使自己不再有创业的冲动；

　　是求稳怕乱，使自己不再有多种选择的可能；

　　是举棋不定，使自己坐失良机；

　　是坐而论道，使自己真不再有创业的本事；

　　是考试崇拜，使自己一生被考试绑架；

　　是小富即安，使自己一辈子按部就班；

　　是小资情调，使自己既习惯又不习惯于锅碗瓢盆的一日三餐。

　　打工不可耻，但一个群体，尤其是本科群体只会打工，这一定是值得深思的。本科生应该也完全可能做更大的事，但这需要自己的思维转个弯。

本科生是打工的命？

47

"问题都是想出来的"

(2015-02-07)

我的学生马吉玲，现为大三学生，从事电子商务创业两年零三个月。最初做淘宝，现在阿里巴巴做内贸批发，业绩骄人。在分享她的成功创业的经验的时候，来自各大学的老师、学生总是不断地发问：

卖什么为好？

没人来买怎么办？

货源在哪里？怎样才能进到货？

刚开张没信誉能有顾客吗？

商家超多，市场饱和，真还有机会吗？

快递公司不配合怎么办？

商品途中会损坏，怎样应对索赔？

有职业差评师，遇到了如何处理？

库存积压怎么办？

无人问津的情况下该如何营销？

做了推广还是没人来买不是亏了吗？

都说创业需要团队，团队成员之间有矛盾，该怎样平衡？

做淘宝的人越来越多，还有机会吗？

有人说做跨境电子商务是机会，但包丢了怎么办？海关税收方面会遇到什么问题？

……

在回答五花八门的问题的时候，马吉玲同学的一句"问题都是想出来的"，让我回味无穷。

许多事，哪怕是像上街购物这样简单的事，会越想问题越多，越想越害怕。怎么走？在哪里拐弯？要拐几个弯？走错了路怎么办？怎么停车？有车位吗？商店在哪个位置？商品质量怎样鉴定？商品脱销怎么办？买到假货怎么办？诸如此类的问题，去想了还真是个问题，而且越想越不明白。相反，什么都不去想，所谓的问题也就不成其为问题了，一切都会在自己的行动中迎刃而解。

我不是说凡事都不要去想，古人也告诫我们：行成于思毁于随。对于创业，自然也要有周密的思考、精心的准备。但太多的人，总是试图把什么都想明白了再付诸行动。结果是越想越糊涂，导致自己永远不敢行动。

有的想象中的问题在行动中永远都不是问题，有的行动中的问题永远想象不到。

要创业，固然需要"想"，但比"想"更重要的是"行动"。没有行动的"想"，会让自己在"问题"的重重包围中渐渐失去勇气、信心和力量。

创业教育岂可让学生"一休"了之？

(2015-02-12)

允许学生休学创业，我是举双手赞成的。只是这样的政策出台得太迟了，如此政策在国外早已不是什么新鲜事。

创业，需要学生全身心投入。允许休学，可以让学生心无旁骛不受干扰地创业，对于学生创业的成功无疑将起到积极的作用。

但是，如果把对学生创业的支持就理解成允许休学，把创业教育就看成是出台允许学生创业的政策，那就大错特错了。

创业教育，是要通过学校教育让学生创业成功。让学生休学，这等于让学生放弃了学校教育，这哪是创业教育？创业教育理应让创业的学生成长得更快才是。让学生休学，只能说明，对于学生的创业，"创业教育"远不及"休学"来得有效。

真正的创业教育，真正能让学生创业成功的创业教育，学生挤破脑袋也不一定有机会获得，得到了机会还会选择休学自动放弃？

被休学举措所陶醉,这是对学校存在的否定。当"休学"被称颂的时候,大学应幡然悔悟才是,要意识到自己的创业教育对学生的创业有太多的干扰。

理想的创业教育,应该有学生"休学"时的高度自主自由,又有"修学"时的理论引导、思想碰撞。学生不再需要休学而又能取得更大的进步,才是创业教育的成功。

给人力量的人

（2015-02-26）

今年 2 月 28 日是一个值得纪念的日子，潮汕职业技术学院创业学院成立三周年了。三年来有太多美好的记忆，也有太多的经验值得推广。潮汕职业技术学院创业教育的经历，是自己极为宝贵的财富，其中陈伟祥同学的成功，更是给我做人做事以巨大的力量。

创业学院成立，首个创业班共有 62 名同学，陈伟祥是其中的一员。与其他同学不一样，他是一位残疾学生，而且是不一般的残疾，两条腿基本没用，所有的行走、做事全靠两只手。开班仪式结束后，我特意找他合影，并尽量往下蹲，但无论如何都无法与他一般高。

行走只能靠手，在我看来陈伟祥同学上台阶上公交车都是不可能的事，怎么跑企业？怎么进货？怎么整理仓库？怎么发包？他要求进创业班从事电子商务创业，对他的精神我打心眼里钦佩，但对他的成功真没寄予多大希望。当时，我真实的想法是，让他有一技之长，毕业后能在电商企业上班，做到自食其力就可以了。后来的发展如我所料，他在创业过程中遇到的困难几乎是不可克服的。对常人来说最简单的走路、上车、就座，对他来讲都是异常困难的事。看样订货，商家联络，货物搬运，打包发单，没有一件是自己能单独完成的。同学们的创业都有了起色，他还是原地踏步。尽管有老师同学的热情帮助，他自己还是怀疑起了自己创业的可能性。放弃的念头如影随形，挥之不去。信念上的动摇，加之自身残疾，让他看不到未来。将近一年的时间，陈伟祥都是在放弃与坚守的搏斗中挣扎。

是什么让他坚守？是什么力量让他战胜了困难？是什么让他最终成功？他的解释让我感动，他说："人家有很多路可走，我没有，我只能走下去。人家有很多依靠，我没有，养育我的爸病了，我要给爸挣医药费。"谁都知道坚守对成功的意义，但有太多的人就是找不到坚守的理由，于是坚守就成了挂在嘴上的一句口号。是坚守让陈伟祥获得了成功。进入第二个年头，他有了自己的公司，有了自己的团队，有了自己的品牌，有了承担得起养育全家和父亲医疗费用所需的经济收入。

每个人都会遇到困难，但与陈伟祥比，还算得了什么？我总在想：当一个人觉得自己不是创业的料的时候，就想想陈伟祥！当一个人觉得自己不可能创业成功的时候，就想想陈伟祥！当一个人要决定放弃创业的时候，就想想陈伟祥！陈伟祥能成功，我们有什么理由不能？如果实在找不到答案，那一定是因为我们有而陈伟祥没有的两条健全的腿。是太好的条件，让自己在摇摆中迷失了自己；是太多的资源，让自己失去了坚守的品质；是太多的依靠，让自己变得吃不起苦受不得累。

陈伟祥创业三周年，已经是顶天立地的男子汉。可以相信，随着陈伟祥的成功，会有更多的人从他身上获取力量，从而也让自己走向成功。

计划经济思维是创业的天敌

（2015-03-07）

电子商务创业，适合每一个大学生。然而，有太多的大学生就是将信将疑，下不了决心。这种犹豫不决，最后让学生坐失良机。

大学生为何不敢放开一搏？不是创业过程中有不可战胜的困难，而是还未创业就被臆想的困难吓破了胆。这些臆想中的困难，不是别的，正是来自积淀已久的计划经济思维。

第一种思维：大家都去做电子商务了，从业人员总有过剩的一天。此话听起来天衣无缝，但稍加分析就可以看到，这是习惯于计划经济的人经常会有的无谓的担忧。在他们看来，岗位职数与从业人数必须相匹配。然而他们却看不到，这种"匹配"是一种动态的由市场调节的平衡。更何况，电子商务还处于初级阶段，发展的空间还无限巨大。面对"测不准"的社会需求所产生的恐慌是计划经济者的家常便饭。

第二种思维：做淘宝的人已非常多了，走电子商务创业

计划经济思维是创业的天敌

的路会非常困难。随着做淘宝人数的迅速增长，竞争也日趋白热化，淘宝创业真的变得日益困难。但世界总是在变的，就像电话普及了又出现手机，总是会带来新的机会和新的市场。淘宝不容易做了，跨境电子商务机会又来了，跨境电子商务如日中天的时候，移动电子商务又来了。只要有人的存在，就会有需要，有需要就会有市场，有市场就会有机会。然而，习惯于计划经济的人，总是以不变的眼光去看待变化中的世界，机会一次次失去也就在所难免。

第三种思维：网上什么都在卖，市场快要饱和了。电子商务发展之快确实出乎意料，要找一款没有在网上出售的商品还真不容易。但据此就能说市场已饱和了吗？饱和是一个相对的概念，就像一个人吃饱了又会饥饿一样，永远不可能有绝对的饱和。当今的世界产能过剩，供大于求，按照计划经济者的理解，创业不仅没必要，也不可能。可事实上，新的创业者总是层出不穷，新的创业机会也像走马灯一样不断出现。当然，所有的这一切都与计划经济者无缘。

第四种思维：只有提供充足的货源，才有创业的可能。此种思维，是在鼓励学生创业，并试图通过找到货源帮助学生创业成功。没有货源，创业也真成了无米之炊，货源对创业的意义是不言而喻的。但是，"米"要创业者自己找到而不可能等到。怎样的货品好销售，好销售的货源在哪里，诸如此类的问题都需要创业者本人在创业实践中去解决，而不可能事先由谁安排好。寄希望于提供货源便想让学生创业成功的愿望,其本质还是一种计划经济的按部就班,缺乏对市场变化的基本了解和准备。

第五种思维:先要有知识的储备,才可付诸创业。如此思维,明确表达了对在校生创业的反对,但也让人一时找不到批驳的理由,其危害也就可能更为严重。为创业提供知识,听上去很美,但实际上就像"按需生产"一样完全不可能。创业所需要的许多知识只有通过创业实践才可能获得,把创业实践与知识学习对立起来是对现代知识理论的陌生和不尊重。无数的事实也表明,先知识储备后创业实践的高度计划性导致的是几乎等于零的创业率。

计划经济的逻辑是:有机会再创业,有能力再创业,有资源再创业。而现实的真实是:因为创业才有机会,因为创业才有能力,因为创业才有资源。可以肯定地说,不破除高校管理者计划经济的思维定式,就不可能有大学生创业的大面积的成功。

贫与富命注定

（2015-03-31）

一个人贫与富，决定于包括知识、专业、机遇、环境在内的主客观条件，但关键是自身的命。什么是命，命就是一个人区别于他人的个性特点，并非与生俱来。通过对创业大学生的研究，我发现凡创业成功致富者，往往有以下一些个性特点。

一是思变欲望强烈。不满足于现状，急于改变命运，有一份命运由自己掌握的自信，相信人家能做的自己也能做，为创业憋足了劲。

二是行动力超强。起步时说做就做，转型时看准就行动，没有犹豫不决，没有瞻前顾后。动作快，效率高，行动与规划同步，视机会如生命。

三是主动出击。不等不要不靠不抱怨，没有条件创造条件，总是先人一步。停顿时谋突破，发展时谋壮大。

四是长于联络沟通。活动能力强，活动范围广，活动对象多，获得的信息就多，交的朋友也多，得到的支持更多。

五是少有顾忌。走自己的路，做自己的事，不会在乎他人的想法和议论。自认为要做的，即使再累再脏再怎样不被人看好都不会放弃。

六是懂得分享。知道团队的作用，更知道团队作用的发挥在于确保团队成员的利益。在业务来往中，也特别注重讲互利共赢。

七是胆大耐压。敢作敢为敢承担风险，舍得投入做营销、树品牌、聘人才，遇到困难沉得住气，永不言败。

有的人成绩更好、学历更高，为什么没有创业成功呢，就是因为没有这样的"命"。

检验员 3

大学生就业没有"最难"，只有"更难"

（2013-05-30）

今年被人们称之为大学生"就业最难年"，事实上就业问题一年比一年难，明年会比今年难，将来会比当下难。

为什么呢？这是因为需要就业的大学生一年比一年多，而就业岗位却不会随之增长。

今年大学毕业生 699 万，明年肯定突破 700 万。由于计划生育政策的后续作用，上大学的适龄人口会逐年下降，但随着我国高等教育毛入学率（现在才 30%）的上升，大学毕业生还是会逐年上升。再加上往年没就业的大学生的累加和海外留学生的大量回归，需要就业的大学生必然一年比一年多。

而能提供的就业岗位不仅不会增长很有可能还会逐年减少。原因有三：一是经济将处于调整期，随着经济增速的放缓能提供的就业岗位也将随着减少；二是"吃皇粮"的人满为患，未来公务员、事业单位人员只能减不能增，新一届政府对此也做了承诺；三是连续多年的就业困难，能提供的就业岗位都提供了，研究生扩招，公务员扩员，部队扩编，就是村干部的数量也是一增再增，要想再"人为制造就业岗位"已越来越困难了。

当然，就业再困难，多数大学生还是会找到工作。不要让自己成为少数待业人员中的一员，是每个大学生人生规划中要守住的底线。要守住这底线，从上大学的第一天起，每个大学生就要为提高自己的就业能力而做不懈的努力。

大学生就业没有「最难」，只有「更难」

过滤了功利才是真德行

（2013-10-14）

前些天应邀观摩某高职院校的文艺晚会，给我留下深刻印象的是晚会结束后现场的一片狼藉。晚会是在操场中进行的，场面宏大，现场的绝大多数观众是刚结束军训的大一新生。散场后，大操场的草坪上尽是垃圾。

这不由得让我想起在美国访学时所在学校的厕所，那是我所见过的保洁程度最高的厕所。该厕所是由一名上了年纪的男工友负责保洁和管理，每次看到他，只见他总是像在擦自己心爱的汽车一样在擦小便池、坐便器、洗手盆和厕所的每一寸地面。什么叫"极端负责"，我总算亲眼所见了。一天我在看学校的平面地图，他以为我找不到要去的地方主动前来搭讪，交谈中知道他并不是学校的员工，而是不领取分文报酬的志愿者。

说到这两件事，我并不是想说明人的道德素质差异之大，我是想让人们去思考人的道德素质之差异为何会如此之大。

道德的行为必定是利他的行为，不图回报的利他是真道德。当利他成为行为本身之目的的时候，人的德行也就上升到了最高的境界。上面提及的志愿者，对保洁的负责为什么会达到无以复加的程度？可以肯定，他已没有任何的私心杂念，利他成了他生活的最高目标甚至是唯一的目标。厕所的整洁自然成了他最大的愿望，他人的满意也必定成了他最大的幸福。过滤了功利，才是真德行。

纯粹的志愿者是少之又少的，要谁都不讲功利，这是做不到的。所以，道德教育，不可以尽是口号，尽是倡导，还要讲手段讲方法。在道德教育实践中，有评比、考核、奖励等手段和方法也属正常。通过一步步的引导让人们的行为一步步走向利他。

然而，当把手段当成目的的时候，悲剧就开始了。评比、考核、奖励是道德教育的手段，当这些手段被当成目的的时候，也就成了道德的敌人。评比、考核、奖励，说白了，都是为了满足人的功利，而道德教育在于去功利。手段与目的的矛盾，是道德教育难以见效的困难所在。

加强道德教育，是为了让人加快去功利化，而当下的许多理念和做法所产生的作用恰恰与此相反。必须明确，任何强化了教育对象功利的做法都是与道德教育的出发点背道而驰的，过多的评比、考核、奖励是让人接近了功利还是接近了道德，是每个教育工作者都要思考的问题。

过滤了功利才是真德行

换角度看就业

（2014-02-07）

　　去年被太多的人称为史上最难就业季，照他们的想法，今年以至今后的就业会变得容易一些。然而，事实如何呢？当然，在找工作路上的大学生，不要怨自己生不逢时，在困难的时候，要习惯于换一种思维，说不准自己的心态平和了，眼前的路也变多了。尽管我自己也说过"大学生就业没有最难只有更难"，但事实上难与不难都是相对的。今天我再谈点对就业的看法，与在找工作的大学生交流。

　　拥挤即机会。生活中的机会往往是在人多的地方，人挤人的地方看似什么也不属于自己，但要知道荒无人烟的地方才真的什么也不属于自己。人们为什么要往北上广挤，而不去大漠戈壁？今年有 727 万大学生毕业，就业竞争空前激烈。但我们想过没有，727 万大学毕业生是怎样产生的？哪个国家有 727 万大学毕业生？人们习惯于看到 727 万这个数字，而看不到其背后 13 亿这个更大的数字以及 13 亿人口所可能产生的机会。是因为有 13 亿人口才有了 727 万的大学毕业生。既然有了庞大的毕业生，一定会有更庞大的就业岗位！社会上普遍存在的用工荒，就足以证明当今的社会缺的是人而不是就业岗位。

幸福在路上。社会上的就业岗位很多，但不属于自己，心里总不踏实。但我们何曾有过体会，幸福温暖的感觉往往来自于漫长的期待？经验告诉我们，当期待的一切都变成现实的时候，期待得到的远没有期待时想象的那样美好。千盼万盼盼到了寒假，真正的寒假却不像自己期盼的那样，这就是很多人对寒假的感受。所以，一个人要学会珍惜期待，至于期待的达成或者没有达成真的可以不要看得那么重。最近有调查，有94％的中国人不喜欢自己的工作，但要知道他们当年为了这份工作是怎样地绞尽脑汁，怎样地寝食难安！我并不是说可以不要工作，而是说求职的路上也会有风景，甚至有比目的地更好的风景。不要埋怨路途遥远，不要因看不要终点而灰心丧气，幸福就存在于自己通向目标的路上。

未知才精彩。有人在找工作的时候，什么读研，什么考公务员，什么参军，什么进事业单位，好像都不再属于自己。世界上真就只有那么几个岗位吗？显然不是，已知的岗位不止这一些，未知的岗位更是浩如烟海。人们之所以有穷途末日之感，完全源于思维之局限。人们总是习惯于对已知或存在的认可和评价，而缺乏对未知或未发生的猜想和探索。要知道，已发生的再多都是有限，未发生的才是浩瀚无边。谁都以为柯达已无人能匹敌时候，突然出现了数码成像技术；谁都以为诺基亚不再会有人超越的时候，却突然杀出了个智能手机。谁能保证，数码成像相机不可能再被超越？智能手机不可能再被取代？人类对未知世界认识得再多，未知的也仍然比已知的多许多，"一切皆有可能"就是基于对未知世界的无限性的判断。岗位也是如此，未知的一定比已知的多，而且一定会更精彩。勇于对未知的探索，乐于对陌生的接纳，而不是只会在熟悉岗位周边"转悠"，那么天地自然会更大，生活自然会更精彩。一旦发现了自己，世界就会发现你！

经历即财富。人们在疯狂地追逐财富，一个工作无着落的人也特别需要财富。财富是什么？金钱、房子、汽车都是财富，但切莫忘了，还有更重要的一种财富，那就是经历。经历就是心灵的变化，是智慧的生长。生活的意义在于心灵的变化，生活之所以没有意义就是苍白的心灵一成不变，每天给人的感觉就像是在过同一天。就业的路上，会有学无所成的无奈，会有身无分文的自我悲怜，更会有四处碰壁的失望，但这是人成长最宝贵的财富。可以说，没有比就业的经历更让人铭心刻骨，更有益于人的成长。在就业过程中，不要因遇挫而伤心，不要因无望而难过，所有的这一切都是金钱买不到的财富。

成功源自自逼。社会上有的人很成功，但要知道成功的人都会自我逼迫。马云从小就逼迫自己到宾馆前找机会给老外当翻译来锻炼自己，乔布斯为了创业会逼迫自己终止大学学业。许多人都会认为自己最了解自己,事实上,一个人未经极限的挑战永远不知道自己有多大的能耐。让我想起一本书上也有类似的一句话:"不逼自己一下,永远不知道自己有多厉害!"就业中,几十个人甚至几百个人争夺一个岗位是常有的事,在此种情况下,如果抱着"试试看"的态度,那是必输无疑。相反,孤注一掷,即使不成功,也是一次积累和提升。不要患得患失,有机会就上,"与其害怕失败,不如痛痛快快地失败一回"。

不过,就业路上还要记住:诸行无常,因上努力,果上随缘。

换角度看就业

"傻"也是一种素质

（2014-02-24）

提升学生的素质，是教育的目的。素质看似是属于个体的特质，但也应符合社会的要求。就人的素质，学校总是富于理想化，习惯于追求完美。如此做法，从培养"全人"的角度看，似乎没有错，但也会造成与社会需要的脱节。社会在许多时候，并不需要一个人有多少学问，有多精明，一个比较"傻"的人，也完全可以左右逢源，所以说，"傻"也是一种素质。

"傻"才适合就业。社会需要有文化、有知识的"聪明"的人，但也需要不太有文化、不太有知识的"傻"的人。有人认为随着科学技术的进步、社会的发展，对劳动力的素质要求会越来越高，这实际上是对社会需求的一种主观臆测。智能手机生产厂家想必是高科技的企业，而其需要量最大的员工恰恰不是具有高学历高文凭的人。科学技术的发展对人才的要求具有两面性，一方面需要劳动者科学素养的提升，另一方面则要求劳动者越"傻"越好。所以，当今劳动力市场上对"傻"的人的需求占优势的格局基本没变。

"傻"能确保质量。每一个校园里到处充斥着"创新"的标语和口号,似乎学生最为重要的素质就是"创新"。创新,确实为社会所需要,但我们千万不要因为"创新"的重要就无视"守旧"的价值。就一个普通劳动者而言,最重要的是对劳动任务不折不扣地执行,最需要的是对操作规程一板一眼的遵守,最为难能可贵的是对劳动纪律说一不二的坚守。我们的服务为什么总是不能令人满意,我们的产品质量为什么总是低人一等,就是因为我们有太多的随机应变和自作聪明。而且,也要看到,真正的创新不是来自于口号而是来自于一个人"一根筋的傻劲"。

　　"傻"是信任的基础。我们重视创业,提倡创新,但切记社会需要更多的是从一而终的职业忠诚和爱岗敬业的"傻子精神"。而且,可以肯定,因为"傻"所以被信任,因为"傻"所以被重用,所以,"傻"同样可以有前途。

　　"傻"也可持续发展。科学技术日新月异,岗位变化日益迅速,这是许多人对当今社会的描述。在他们看来,唯有掌握高新技术,并从事有科技含量的工作,才会有前途。这些人的观点或许有道理,但人们也务必看到,社会上还有太多的职业或者工作岗位仍像日月星辰那样并没有随着时代的变化而消失。职业或岗位是否被淘汰并不完全决定于是否有科技含量,一个人能否在社会上站住脚或能否得到发展也不完全决定于自己是否掌握了科学知识。不要认为自己"傻"就没前途,社会上任何时期都有适合"傻"的职业和

"傻"也是一种素质

69

生存空间。

"傻"也是一种幸福。学校教育的根本目的就是为了让学生成为幸福的人。怎样的人才幸福？知足者幸福，少攀比者幸福。社会需要积极向上的人，为了让人积极向上就需要建立评比机制。学校里倡导"人往高处走"，不断评比奖励，客观上让许多人变得不那么幸福。让不知疲倦"往高处走"的人一如既往地往高处走，让心甘情愿原地歇脚的人心安理得地原地歇脚，可能更合理。不要看不起那些"胸无大志"的"傻"学生，说不准他们更幸福，也更有利于社会的稳定。作为"傻"的学生，要有一种自信，要知道自己可能活得更自在。

会读书固然好，不会读书或者读不好书也不一定是坏事，社会为每一个人都准备了舞台，没有必要让不同的人都接受同一的教育或都接受同一标准的评判。

未来十年中国高职教育演变研判

（2014-04-23）

学制。绝大多数高职院校将成为四年制本科院校，这主要不是决定于高职教育本身的需要，而是决定于延缓就业压力和拉动内需的需要。延长一年学制，能让300多万大学生推迟一年就业，这对经济下行就业压力日益严峻的中国来说意义非同寻常。延长一年学制，校园规模要扩大，仪器设备要添置，教职员工要增加。这对一所高职来说也许不算什么，上千所高职院校同时"扩容"对拉动内需来说绝对是一件不容小觑的事。

招生。随着高等教育从大众化向普及化过渡，高中毕业生想进入高职院校就读将不必参加高考。凡想到高职就读，只要提供申请即可，注册就读制将在全体高职推行。人人上高职，高职又变本科，这就像台湾地区一样人人能上本科了。人人能上学，并不是说不存在招生竞争。一些区位优势突出、历史悠久、口碑好的高职，会有充足的生源，反之，则有招不到学生的可能。生源充足院校招生腐败的滋生与生源不足院校招生成本的翻番会是未来高职最为鲜明的特色之一。

课程。语数外历来为大学的必修课，但可以肯定如果没有类似思政课开设的硬性规定，语数外将不会在高职院校继续出现。这不纯粹因为职业教育"理论够用为度"，还因为纯粹说教型的理论教学在高职院校根本不适合。加上大规模网络课程的出现，不仅语数外，高职院校大多数理论课开设的合理性和必要性都将受到质疑。

科研。科研将不再成为高职老师的硬任务，这也就意味着课题、论文与教师的考核不再有必然的联系。这是让高职回归职业教育的本位，不必去做本属研究型大学的事。当然，科研不再作为教师考核的硬任务，并不是说高职院校不再存在科研，而是科研成了教师的业余爱好。要知道，不再追求功利的科研，才是真科研，才能出真成果，也才能出真学者。

教师。未来受尊重的将是有一技之长的教师，能开工作室的教师，能教给学生谋生本领的教师。

评价。毕业生的薪酬收入将会成为评价学校和专业好坏的最权威的指标，尽管薪酬收入的统计也会有水分也会有造假，但比起现行的指标一定会更让人信服。把评价交给市场，让市场在学校评价中起决定作用，不仅是大势所趋，也是民心所向。更何况，高职院校以就业为导向，就业如何自然要由薪酬高低来衡量。

破产。大学破产倒闭在未来十年将不会是新鲜事。还远未到普及高等教育的程度，生源不足本不应是中国高校面临的问题。之所以将会有高校倒闭，根本的原因还是因为自己的教育不能改变学生的命运。未来对办学质量低下的学校将不会留下太多的生存空间，再加上允许非本地户籍学生就近高考，势必导致人口大量外迁的内地高校生源不足。

高职教育不是在课堂里睡觉

（2014-07-17）

职业教育的目的就是让学生有一技之长。

怎样才能让学生有一技之长？我们的老祖宗不懂教育理论，但在培养人的一技之长方面给我们做出了表率，那就是师傅带徒弟。

"师傅带徒弟"这种培养模式说白了就是两点：一是让学生做，在做的过程中掌握技能；二是教师在学生做的时候手把手地把自己的本事传授给学生。

职业教育就是如此简单。然而，我们现在高职教育的现状是，无视职业需要，无视学生的兴趣特长和接受能力，开设大量的理论课。理论课最终都成了学生的"睡觉课"，学生在课堂上打瞌睡。

我们必须改变这种状况，真正教给高职学生的一技之长，让他们实现就业。

大学比高中闲，表明自己在堕落

（2014-09-01）

正常的读书生涯，应该是越读越忙。大学期间比高中闲，那证明自己在走下坡路。

大学期间，要学的科目更多，每门科目的内容更多，难度也更大，这自然要比高中有更多的时间投入；大学期间，要参与的活动更多，有社团的，有科研的，有勤工俭学的，这自然要求学生要善于安排时间。大学期间，人的学习接受力、持久力都在提高，是人的一生中学习的黄金时期，在单位时间内学得的文化知识可能是高中时期的几倍甚至更多，这也就要求大学生要充分利用好黄金时期的分分秒秒。大凡有造化的人总是会说，高中很忙，但大学更忙。清华、北大的学生高中时夜以继日，上了大学更是废寝忘食。他们没有双休日，没有寒暑假。不是他们基础好，而是他们付出更多；不是他们不聪明，而是更珍惜时间，所以他们到了世界名校深造也更具竞争力。人们羡慕美国的高等教育，事实上美国的大学也没什么神秘的地方。美国大学的优势就是能让大学生比高中生更忙。大学生不要因为自己没有考上清华、北大而悔恨，只要像清华、北大的学生那样去学习，也会与他们一样优秀；大学生也不要言必称美国，只要像美国的大学生那样比高中时期更忙碌，不论身处何地都能让自己成才。

大学生要更忙，但这种忙，不仅出自大学生的自觉自愿，更是出自大学生的积极争取。大学不再像高中那样有那么多的作业训练和时间利用的硬性规定，学什么、何时学、怎样学，都由大学生自己说了算，没有老师会来要求你，也没有老师来督促你。一个大学生如果还是习惯于像高中生那样，没有作业就不知道做什么练习，没有早晚自学的规定就不知道要到学习场所去，那是绝对不可能让自己忙起来的。自己不能让自己忙起来，还误以为大学就该比高中闲，没有比这更可怕的了。所以，大学是一个"分水岭"，那些能让自己忙起来的人会让自己变得越来越优秀，那些不能让自己忙起来而且还误以为大学就不该忙的人除了浪费青春就是学会堕落。

会做的做好才是竞争力

（2014-09-04）

　　我的一些学生电子商务创业当老板发了财，我也有学生在电商企业当客服也收入不菲。

　　小王同学，是家里的独生女儿，备受父母的宠爱，在校期间也想创业但都未得到父母认可。两年前毕业时选择了就业，在一家电商企业当客服。最平凡的工作，月收入却超万元，最近还成了公司的股东，得到了公司 10% 的股份。

　　我在向她讨教经验的时候，她的表述朴实直白。她说，做客服，不要什么技术，只要会打字上传照片就可以了。这是谁都会的，为什么社会上让人满意的客服不多？对于我的问题，她的回答是："我做不了别的事情，胆子也小，外面熟人也不多，除了客服我也做不了别的事。社会上能做客服的人是很多很多的，不能让老板满意，一定是他们自己不安心造成的。"她进一步说："因为别的事情个会做，我就尽量把客服做好。在与顾客交谈时，我特别耐心，所以交易成功率也比较高，而且回头客也特别多。我除了耐心还是耐心，别的不会。在空闲的时候，我就帮助打包，这是有专人做的。我真没有想过额外的报酬，我脑子简单，我只是觉得闲了也就闲了，打打包还锻炼身体。我比较细心，打的包从未有差错，所以也没有售后纠纷。"她还主动学习摄影、美工，装修的店铺特别受到顾客喜欢。对此，她的解释是："这方面的知识在学校的时候接触过一点，公司里有专门员工，我就向他们学。后来我发现，学的时候不是特别困难，重要的是学会的就要做好。公司重用我，我还是有些惶恐，我真没什么本事，有本事的人多的是。我是担心做得没有人家好，就把能做的多做一点，会做的事拼命做好。可能是这一点，是老板信任我的原因。"

小王的经验概括起来就是两句话：不会的学会，会做的做好。

工作岗位千千万万，绝大多数是平平凡凡的岗位。这些岗位所需要的知识技能，对大多数人特别是大学生来讲都是能够掌握的。之所以有许多人被炒鱿鱼或拿不到高薪，不是因为他们不会，而是会做的没有做好。小王会做的，打字、传照片、打包、装修店铺，也是大多数大学生会做的，而她的耐心、细心，她的不分你我的主动打包、装修店铺，却是许多人做不到的。不会的学会，这是掌握职业技能；会做的做好，这就属职业精神了。一个人要有职业技能，但更要有职业精神。随着社会的发展，操作会越来越简单，像相机、汽车、手机都特别便于使用，工作岗位的技术操作也日趋智能化简便化，这对人的职业技能的要求可能会降低，而对职业精神的要求却会上升到前所未有的高度。

所谓会做的做好，就是会做的每次要做好，每天要做好。平常的人，不一定要去做不会做的事，只要把会做的事做好了就可以了。真的把会做的做好了，平常的人也变得不平常了。

会做的做好才是竞争力

高职院校莫自作多情

（2014-09-21）

什么是高职院校？高职院校是培养学术人才的吗？

高职教育属于高等教育，但高等教育是有层次的，不同层次的高校所担负的使命责任是不一样的。有学术型的，有应用型的，有介于中间的。随着高等教育规模的扩大，整个高等教育的结构是呈金字塔形的，顶尖是学术型高校，可以少之又少；塔基是应用型的高校，数量可以特别众多。

一个社会特别需要学术人才，但一个社会如果都是学术人才，这社会就无限美好了吗？不。社会是由各种人才构成的，需要学术型人才，也需要数量更为众多的应用型人才。每个层次的高校都立足于学术人才培养，即使可能，也没必要。

学术型人才也不是谁想培养就能培养的，这受制于学生的素质、办学的条件等因素。有的学生适合当优秀科学家，有的学生适合当杰出的水暖工。让科学家当水暖工是困难的，让水暖工当科学家同样是困难的。据研究，具有知识贡献能力的大学只占大学总数的 1%，按此计算，全中国学术研究型大学 20 所就够了，也只能有 20 所。教育部让 600 所本科院校转向应用型人才培养，看来还是过于保守，应该让更多的本科院校走应用型人才培养的路。

本科都转向应用型人才培养了，高职院校还念念不忘"学术"，这不是自作多情何为自作多情？

大学完全可能是个陷阱

（2014-10-03）

大学为人们所梦寐以求，但完全可能是个陷阱。

有的人因为上了大学开启了幸福美好的人生，有的人因为上了大学掉进了万劫不复的深渊。

大学为何会有如此截然相反的功能？

这要从大学的理念和特征说起。与中小学相比，大学不再有那么多的统一管理，不再有那么多的统一安排，不再有那么多的统一指导。大学之所以成为这个样，不能不提到在高等教育史上有着重大影响的一个人，这人就是 19 世纪哈佛大学校长艾略特。在 1869 年，他认为作为大学，必须给学生三样东西：选择学习的自由；在单一学科领先的机会；对自己的习惯、行为负责任的纪律。是他的这种理念，使得大学生有了自由飞翔的广阔空间。

因为自由，学生有了充分的选择学习的机会；因为自由，学生有了充分利用时间和挖掘自身潜力的可能。可以说没有自由，便不可能有学术的充分的发展，也不可能有个性的形成，更不可能有创造能力的提升。在创新上，之所以没有一个国家能超越美国，这与美国大学倡导大学生有选择学习的自由、给学生冒尖的机会的理念不无关系。

自由，是如此妙不可言，但这必须以有"对自己的习惯、行为负责任的纪律"为前提。失去了自我约束的自由，就似断了线的风筝。当今的大学生正充分享受着大学的自由，然而，有的大学生却因为这种自由导致自我堕落甚至自我毁灭。无时间终点的游戏，无时间边界的娱乐，失去的不仅仅是美好而宝贵的春春年华，更是一生赖以生存和发展的知识文化及能力素质的基础。

大学是一个最容易成就人的地方，也是一个容易让人堕落的地方。对于缺乏"对自己的习惯、行为负责任的纪律"的学生而言，大学可能真是一个陷阱。

莫抱怨，这时代不需要"被"

（2014-12-28）

有太多的大学生总是不断抱怨，一张嘴抱怨，一动笔抱怨，抱怨不被关心，抱怨不被重视，抱怨不被提携，抱怨不被公平对待。你的抱怨，也许不是全无理由，但绝大多数"抱怨"真可以省略，因为这是一个不需要"被"的时代。

你说，你的文章未被刊发。莫抱怨，这是自媒体时代，自己的文章只要足够精彩就不缺读者。

你说，你的意见未被采纳。莫抱怨，这是互联网时代，自己的意见只要言之有理就不要愁不会四处传播。

你说，你的主张未被尊重。莫抱怨，你同时生活在现实世界和虚拟世界，两个世界有太多的实现你的主张的机会和可能。

你说，你的才情未被赏识。莫抱怨，这是一个不要他人赏识的时代，俞敏洪就曾多次高考多次被拒之于大学校门外。

你说，你的成绩未被肯定。莫抱怨，信息传播和存储的技术不会漏掉你的点点滴滴，包括你的成绩，也包括你的污点。

你说,你的就业未被提携。莫抱怨,这是一个"用工荒"的时代,自己找不到工作怨不得人。

你说,你的创业未被资助。莫抱怨,电子商务消除了技术、区域的壁垒,也消除了资金的壁垒,让每一个人的创业不再有门槛。

你说,你的发展未被公平对待。莫抱怨,这是一个适合自谋职业的时代,只要自己不放弃谁都无法阻止你的发展。

■莫抱怨,这时代不需要「被」■

自我毁灭中的大学生

（2015-03-10）

我所在的学校，最初的规划为 6000 学生的规模，我坚持要建两个标准操场，理由是要与国际接轨。自操场落成后就一直冷冷清清，国外高校体育运动的热火朝天始终未在我校出现。后来学校的在校生接近 8000 了，操场的冷清还是依然如故。是我错了，还是现在的学生太不爱运动了？这是我路过操场时经常向自己提出的问题。后来我发现，别的一些学校尽管只有一个操场，也是经常空无一人。原来，各个学校都有不少的大学生，不仅不喜欢运动，也不珍惜自己的健康，健康意识之差出乎我的意料。

起居无规律。白天黑夜被颠倒。尤其是周末和假期（全年一半时间是周末和假期），那真是不到天明不睡觉。谁都说一天之计在于晨，不少大学生的早晨是在酣睡中过去的。年轻人爱睡懒觉，偶尔为之也属正常。长年累月如此，能不让自己变得暮气沉沉吗？这不是对生命的掠夺吗？

饮食不正常。饮食问题更为严重，有学生常年不吃早饭，常年不喝水。渴了喝饮料，饿了吃包装食品，简直就是一个常年出差的人。盛行叫外卖，吃夜宵，暴食暴饮，什么不能吃、什么要少吃全无顾忌，纯粹的随心所欲。极端到不碰蔬菜、嗜荤如命的偏食者也大有人在。体检不合格者日益增多，患上老年病者也时有所闻。

卫生不讲究。饮食卫生不讲究，其他卫生就更不讲究了。桌子是手不碰到的地方全是灰尘，地是行走不到的地方尽是脏鞋子臭袜子，阳台上散落的是各种各样变了颜色的空的或是未喝完的饮料瓶子，床铺也很乱。

上网不间断。网上学习、办公是一个趋势，大学生上网时间增多应属正常。但是，凡事有个度，同一个姿势长时间固定在同一个位置上，对健康总是不利的。有的大学生对网络的痴迷已到了走火入魔的程度，其本人也几乎成了网络的一个节点。连续的游戏、网聊，不停的连续剧、抢红包，运动、健身成了不可能事件。网络带来的快乐，以牺牲青春的活力为代价。

身体不保护。人的自我保护是与生俱来的，让自己的身体不受侵害是人的本能。遗憾的是，有的大学生不知道爱惜自己的生命，不知道珍惜自己的健康。无视身边传染病的普遍存在，把失而不可复得的身体当儿戏，不懂保护，不知防范，只图一时痛快。

思想不重视。没有健康、运动的意识，对饮食、卫生、保健的了解近乎空白。在他们看来，健康、保健是遥远的未来的事情，是到老的时候才考虑的事情，殊不知有的大学生

"未到老已没有老了"。

年轻的时候珍惜生命，健康的时候懂得运动，当是大学生的必修课。我们年轻的大学生，千万不要沾染上述这些不良的习惯（有，则改之），要做一个朝气蓬勃、有为、充实的人。

受委屈时不可任性

（2015-03-16）

近来不断看到大学生因情自杀、驾车者因怒致他人死亡的视频，触目惊心。其中的是非曲直无从分说，但当事人一定认为自己受到了委屈。是委屈时的任性，导致处理不当而酿成大祸。一个人随时都可能受到委屈，对委屈的应对当是人生的必修课。应对得当，坏事变好事；应对失当，追悔莫及，遗恨终生。受到委屈时该怎么办，提点看法，供参考。

一是要意识到人是在不断受委屈中长大的。谁都不希望受到委屈，但委屈并不会因为一个人的不喜欢就不光顾。受委屈时，让人痛苦、愤怒、绝望，但这也是人成长的需要。一个人就是在一次次的委屈中，学会了冷静，提高了抗挫折的能力，让自己走向了成熟。所以，一个人要有拥抱委屈的心态，把每一次委屈都看成是一次人生锻炼的机会，是花钱都买不到的课程。

二是要意识到受委屈时会丧失理智。委屈能锻炼人，也能摧毁人。受到委屈，一个人的痛苦、愤怒、绝望有可能达到极点。在这样一种激情状态，人失去了自制力，人的理智被抛到了九霄云外。谁都知道一辆开足了马力而控制系统又失灵的汽车是要出大祸的，受委屈时的人就像这辆汽车。在平常诸如跳楼、汽车撞人等不可能出现的行为，在激情状态都是有可能发生的。

三是要确保受委屈时制动系统不失灵。激情状态持续时间是很短暂的，不多时人的理性就会回归。激情状态不出事，让自己不走极端，对一个受委屈的人来讲就显得无比重要。人世间的许多悲剧都是一个人在激情状态时发生的，激情消退，剩下的就只有后悔。当一个人感觉到天要塌了，不能再活了的时候，要及时提醒自己此种感觉是暂时的，马上就会过去。当一个人怒不可遏的时候，张嘴骂人前先用舌头在嘴里绕三圈，出拳揍人前不妨掏出手机在微信朋友圈先瞄上几眼。在行动前插入一个与事件无关的动作，理性说不定就回来了。

四是要培育热爱生活的乐观情绪。当今的时代真是太激动人心了，移动互联网、云计算、大数据、工业 4.0、互联网＋，改变着人世间的一切，给了我们太多的享受，给了我们太多的方便。不论是来自学业上的、事业上的、人际关系上的还是情感上的委屈，在当今如此神奇的世界面前，统统不过就是明媚春天里的几朵浮云而已。爱生活，向往未来，投身于自己热爱的事业，委屈自然而然也就销声匿迹了。

五是千万不要拿人家的错来惩罚自己。人感到委屈，是因为觉得被误解，被出卖，被冤枉，被无礼，被辜负，被愚弄，被刁难。既然不是自己的错，那么为什么还要拿对方的错来惩罚自己呢？委屈时候的一些言语和行为，事后想想都是很傻的。所以，应对委屈，还得更聪明一些才对。当然，一个人也不能把责任都推给对方就完事了，也要反思，反思自己做的说的有何不妥。委屈时不任性是一种境界，少受委屈不受委屈能不是一种更高的境界吗？

六是要意识到自己不仅属于自己更是属于需要自己的人。一个人可以把自己看得很轻很淡，一个人可以说走就走。但要知道，这世界上，还有自己的父母、自己的兄弟姐妹、自己的家人孩子，他们无时无刻不在记挂着自己，在期待着自己，他们需要自己。纯粹为了自己，可以肆意妄为；为了他人尤其是亲人，就必须三思而后行。面对委屈，实在想不通的时候，有一个环节决不能省略，那就是一定要想一想对自己满怀期待的亲人。

受委屈时不可任性

高职生，让自己"俗"到底

（2015-03-24）

　　当今的教育界，一下子要让学生就业为先，一下子又要让学生淡化就业，抛开功利，就像梅雨天的天气变化无常，让学生无所适从，不知如何才好。

　　教育界所倡导的，应该说都没有错，只是适用的学生是不一样的。有的观点适合清华、北大的学生，有的观点适合应用型本科的学生，有的适合高职院校的学生。分不清你我，张冠李戴，就会导致行为上的混乱，让谁都吃苦。

　　社会的需求是多元多重的，全社会的人才构成是金字塔式的，需要有塔尖的做基础研究的科学家，更需要有塔基的应用型、实用型能自食其力的人。遗憾的是，讲应用，讲实用，讲工作，讲谋生，有时被人指责为过于实际，过于功利，缺乏大学生应有的人文情怀和理想追求，继而被讥讽为"俗"。如果说，讲应用、讲实用、讲工作、讲谋生就是"俗"的话，那么这种"俗"对高职生而言实在是太难能可贵了。

　　任何一个人，都要掂量掂量自己，什么是自己会做的能做的适合做的，而不是空谈什么高大上的"雅"。作为高职生，自身的定位一定要清楚，不要因为人家讥讽为"俗"就放弃"俗"。自己的出路就在于"俗"，而且越"俗"越好，越"俗"越会让自己有出路。

高职生大多出身贫寒，家庭不允许自己过不就业的生活，关注一日三餐锅碗瓢盆既是自己的需要更是家庭的需要。高职生，也真不擅长考试和舞文弄墨，这就使得自己少了许多人生的选项，做普通人能做的也就应该是自己的必然选择。饿着肚皮喊理想，领救济金讲人文，这样的"雅"不要也罢。

不要怕"俗"，高职生要勇敢面对"俗"，在"俗"的道路上义无反顾地走下去：讲应用，求谋生；讲实际，求就业；讲实效，求饭碗；讲操作，求技术；讲训练，求本领；讲模仿，求见效；讲重复，求回馈；讲规范，求检验；讲细节，求积累；讲平凡，求改变；讲单调，求薪酬；讲劳累，求幸福。

"俗"到底了，不"雅"都难。高职生，要想改变人生，改变命运，就让自己理直气壮地"俗"到底。

上大学，有必要吗？

（2015-03-26）

　　有人说"大学改变命运"，有人说"大学致贫"；有人说"大学成就人生"，有人说"大学浪费青春"；有人说"大学生是天之骄子"，有人说"大学生不如农民工"；有人说"再穷也要让孩子上大学"，有人说"上大学不如回家卖红薯"。孰对孰错，莫衷一是。

　　人们不禁要问：还要不要上大学？如果要上，要上怎样的大学，要过怎样的大学生活？

　　答案是现成的，标准是明确的，大学就是让学生获得知识、获得文化，在知识文化获得的过程中让学生的能力也得到发展。但是，一个组织所具有的功能与该功能的发挥是两回事。大学是有让人成才的功能，但这种功能的发挥受制于太多的因素，特别是受制于学生积极性的发挥。有了学生的积极性，大学的功能就能得到落实和发挥；没有学生的积极性，一切美好的愿望都归结为零。人们应该明确了，要不要上大学，怎样过大学生活，一切都决定于大学生的积极性。

积极性写在脸上，落实在行动上，也就是一个人"忙"的程度，直观具体，极容易量化，极容易评价。"忙不忙"，老师一目了然，学生自己也一清二楚。一个人"忙"，表明自己在进步，在获得；一个人"不忙"，表明自己在堕落，在失去。让学生忙起来，应作为大学一切工作的出发点和归宿。学生"忙"了，就不愁不会进步，不愁不会获得，不愁没有好前程。

自己不努力，谁能为自己出价？有必要上大学吗？答案也都在各自的心中。

上大学，有必要吗？

因为诚实所以简单

（2012-12-27）

国内朋友要我用一句话来表达在美国的感受，我脱口说了两字：简单。

美国，空气好、水好、环境好，可以说出一大串好，但让我感到最好的还不是这些。在美国最最好的是，可以让人生活得很轻松，不需要有那么多的戒备、提防、猜疑，生活可以异常简单。当今，工作压力大，生活节奏快，如果还要处处留个神，事事多个心眼，那不是忙上加忙，累上加累吗？可以说，简单是生活的最高品质，简单是生活的最高境界。

出门在外，不用担忧门是否上锁了，窗是否关好了。在美国很少有小偷会入室偷盗，门窗是否上锁了，没多大意义。当然，如真有小偷，上了锁也没用。美国家家户户，尽是落地玻璃门窗，没有防盗门、防盗窗，木制围墙的门也很有意思，连锁也不安装，只是用根铁丝固定，如此设施不要说江湖大盗就是最普通的小偷也防范不住。

出了门，开上汽车，极其惬意，踩上油门无须顾及路上行人，因为根本不可能会有人横穿马路。尽管在美国驾车有一定的经验，但在过交叉路口时，即使是绿灯，我也总是会松开油门降低速度怕有人或车横穿。看美国人，凡绿灯，一概不减速，始终风驰电掣。

回到家，门口除了有报纸信件外，很可能还有一些大小不一的邮包，这些邮包里放置的是自己或家人网购的商品。随着电子商务的日益发展，网购的数量也与日俱增。在美国，投递员只要把包往门口一放即完事了，谁都方便。是否会有人顺手牵羊？女儿说未曾听说。是否有未曾收到的商品？女儿说只有一次，一个电话商家就给补寄了。是否有人收到了而又撒谎说没收到？女儿说这是小概率事件，几乎不可能。

美国老早都有退货制度和传统，凡顾客购得的商品如果不适合或不中意在一到三个月内可退还给商家，商家会无条件受理并当场退款。这种退货制度，在网购日趋普及时代为消费者带来了很大的方便和最大利益的保护，当然这对于商家的网络销售也有巨大的推动作用。由于可以退货，在网上可以非常轻松而愉快地消费，对于包括服装在内的任何商品都可以无顾忌地采购。退货的手续异常简单，即使是网上购得的，也可以就近在线下的任何一家连锁商店办理。退货制很好，为什么就不出现在中国呢？

当然最简单的还是人际关系，工作上彼此合作，生活上相互独立。真诚待人，真诚待己，不做违心事，不说违心话。此次来美，正好遇上圣诞节，不见下属向上司送礼，也没有同事之间的相互请吃。"君子之交淡如水"的处世哲学在异国他乡枝繁叶茂。勤奋工作，舒心生活，做一个不扭曲人性不违背良心的真实的自己，这恐怕就是人生的最高境界吧！

　　诸多的简单，其背后的共同点就是做人的诚实。老老实实勤劳致富，老老实实遵纪守法，老老实实消费买卖，老老实实待人接物，中规中矩一板一眼似是有些辛苦，殊不知这才是简单之根本。

毕业典礼为何成了美国家庭的嘉年华

（2013-06-20）

6月14日到达加州圣迭戈，安顿完毕已是后半夜。天还没亮又要起床，为的是能赶上加州大学圣迭戈分校的毕业典礼。对美国大学的毕业典礼并不陌生，文字介绍的很多，国内家长来美国参加毕业典礼的很多，但我自己还是想亲身感受一番。

加州大学圣迭戈分校本科生毕业典礼和研究生毕业典礼分别在两个场所同时举行，前者安排在大操场，后者在体育馆。从参加的人数上看，毕业生是小头，以父母亲为代表的亲友团是主体。根据我的目测，亲友团的人数要在毕业生人数的5倍以上。本科生人数众多，毕业典礼分学院召开（场所是同一个，时间上有先后）。在大操场上，本科毕业生坐在主席台正前方，后面黑压压一大片全是亲友团。研究生的毕业典礼在体育馆，球场正中央坐的是毕业生和他们的导师，四周看台还不够亲友团坐，有一些不得不站在过道上。学位授予仪式要求每个毕业生都要走上主席台，每当叫到毕业生名字的时候，亲友团都会发出极为响亮的呼喊声。有的亲友团还像球场上的啦啦队，备有喇叭和横幅，在听到孩子的名字时，呼喊、吹奏、举横幅，热闹非凡。

一人毕业，全家欢腾；一个人获学位，亲朋好友同祝贺。大学毕业典礼，是学校的大事，也简直成了美国家庭的嘉年华。美国人为什么如此看重一个人的毕业？

上大学，曾经很不容易，只是属于少数人，毕业了，理所当然是家庭的荣耀，理所当然要祝贺。大学学业任务重，难度大，要求高，上大学已属不容易，完成大学学业是更不容易的事，能不能毕业成了全家的牵挂，一旦毕业自然皆大欢喜，自然要好好庆祝一番。到后来，上大学已不是什么稀罕事，想上大学谁都可以上了，但上了大学并不意味着就能毕业。没有付出，上了大学也要被退学；没有投入，进了校门也得不到学位。是美国大学"宽进严出"的做法确保了毕业生的含金量，是这种毕业门槛不降低的传统让美国重视大学毕业典礼的传统得以传承。

让我着迷的世界上最小的鸟

蜂鸟是世界上最小的鸟,以前在教科书中了解到过。中国没有这种鸟,我来到美国南加州,房前屋后经常可以看到。很想拍一些蜂鸟的照片与国内朋友分享,却总是以失败而告终。

蜂鸟,个头特别小,飞行速度却特别快,每小时可达百公里,不仅能左右侧飞,而且还有世上别的任何鸟都没有的独门绝技——倒飞。要想拍摄到蜂鸟,对我这样一个既缺动物学知识又缺照相技术的人来讲似乎是一件做不到的事。上次来美国,费了很大的劲,一张照片也没拍成。这次下了决心,不可能的事也变成了可能。蜂鸟拍到了,漫长的拍摄过程还给了我很多的感悟。

谁都说做事要坚持,但坚持是人一生中最不容易做的事。拍摄蜂鸟看似简单,其实不然。不知道蜂鸟会在什么时候出现,也不知道会以何种方式出现,更不知道会出现在哪里。坚持是一种不知结果的守候,坚持是一种不知有无回报的等待。守候一刻钟、等待半小时还能做得到,如果时间更长，耐心也就没有了。有好几次几乎是在我"撤离岗位"的同时蜂鸟出现了，让自己后悔不迭，也让自己暗暗下决心：要耐得住黎明前黑暗的寂寞。有了内在的强大定力也不一定能让自己坚持到底，外在的一些因素也完全可能左右一个人的行为。我会选择阴凉的地方守候，随着时间的推移阴凉处变成了阳光照射处，加州的阳光是很难让人能死心塌地守候下去的。有时候，漫长的等待终于等到了蜂鸟的出现，但还没待我举起相机又飞走了，或者停留在老远的地方或是很高的树梢上根本不适合我拍摄，功败垂成也是很打击士气的。要坚持拍几张蜂鸟的照片都那么不容易，可以想象，要成一番事业需要一个人有多少的坚持精神和力量啊！

当然，坚持也不是"瞎等"，也要开动脑子。凡事都有规律，蜂鸟的飞行和停留也有其自身的规律，掌握了这些规律，也就容易掌握蜂鸟的行踪。蜂鸟一天要消耗掉超过自身体重的食物，采蜜是蜂鸟最为基本的"生活方式"和"工作方式"，开花的树木也就成了蜂鸟经常光顾的场所。蜂鸟也要休息，喜欢在背阴的树丛中停留。有花的树木和阳光照射不到的树梢就成了我重点关注的地方，果然发现目标的几率提高了许多。蜂鸟的鸣叫声很轻但很刺耳，人们不易见其身但易闻其声。声音快于飞行，听到鸣叫声了，相机就要待命了。开始我过多地用眼观察，后来我更多地用耳听，效果反而更好。我还发现，蜂鸟有领地意识，当有外来蜂鸟进入自己的领地采蜜，就会迅速起飞把入侵者赶走或者与入侵者争抢食物。当有蜂鸟飞入我眼前的时候，在我附近但不为我所知的地方就可能会有蜂鸟飞出，就像洞库里的飞机面对入侵的飞机出其不意突然起飞迎战一样。每每有蜂鸟飞来的时候，我会特别留意我附近"待命迎战"的蜂鸟是从哪个"洞库"飞出的。知道了"洞库"，那我就能拍到近距离而且是处于"静态"的蜂鸟了。后来我拍了大量的近距离蜂鸟的照片，就是因为我发现了它们的"洞库"所在。

要做成一个事，除了坚持，除了遵循规律，还要有业务本事。后来发现蜂鸟已不是一件困难的事，但由于自己拍照技术不好，浪费了很多机会。机会是稍纵即逝的，需要有非常娴熟的技术。面对不同的光线、不同的距离、不同的背景、不同的对象，要迅速做出应对，而我总是心有余而力不足。从未这样投入地拍照片，尽管没拍出好照片，但却有了继续学习摄影的愿望和冲动。

原只想拍几张蜂鸟的照片与国内朋友分享，没想到拍照还拍出这样一段文字来。在写这些文字时，仍不断听到窗外蜂鸟的鸣叫声，看来我的拍照并没有干扰它们正常的生活，这是让我比拍出好照片更感到欣慰的。

让夏令营物有所值

（2013-07-09）

越来越多的中学生来美国参加夏令营活动，产生的费用差不多是一个成年人一年的劳动所得。赴美国的夏令营是否物有所值？高付出是否有高回报？

对于这些问题，不同的学生会有不同的回答。我了解到的情况是，"值"、"不值"和"不知道"大约各占三分之一。回答"值"的同学，认为看到了很多，感受也很多，产生的想法也很多。回答"不值"的同学，认为美国没有想象的好，楼也没国内高，汽车也不比国内豪华，家庭装修也没国内气派，吃的也没国内好。第三类学生认为，美国像环球影城、迪士尼之类还是好玩的，至于值不值一直没去想。对于同一问题不同的学生完全可以有不同的答案，但让夏令营产生最大的效益是每个学生必须考虑的共同的问题。只有让夏令营物有所值，才能对得起父母，才能对得起流逝的时间，也才能对得起自己的决定和选择。为此，我特对参加夏令营的同学，提出以下建议。

一是收集资料，让夏令营成为"充电之旅"。夏令营不能仅仅就是在美国的半个月或二十天,在夏令营开营之前就要做周密的准备。这些准备不是指整理行装,而是指对与夏令营所走线路、所到城市、所开展的活动相关的资料收集、整理、学习、消化。这个准备,就是学习,就是充电,由于针对性强,而且与自己的需要密切相关,效果也会特别好,往往过目不忘,真正做到了未开营已有收获。更为重要的是,有了这些知识储备能让整个夏令营活动变得更充实更快乐从而自己也会更有收获。说夏令营不值得或者没有意义,关键因素之一就是"没有知识准备",让夏令营变成了"白痴之旅"。

二是善于甄别,让夏令营成为"发现之旅"。夏令营时间短暂,要对美国深度了解有困难,但到达的地方多,开展的活动也不少,只要当一个有心人,还是能看到很多、发现很多。风景在路上,车窗外就是新奇的世界,当然这是对随时都在观察的人而言的。另外,也要善于在似曾相识中见陌生,在无差距中找差距。要善于发现人家不能发现的,这是参加夏令营的初衷和目的。千万不要让夏令营成为"瞎子之旅"。

三是勤于思索,让夏令营成为"研究之旅"。对于自己的发现,要勤于思考,追根溯源,并形成自己的看法和观点。例如,美国的房子低低矮矮,难见中国的高楼,这是什么原因导致这样的差异? 你的所到之处难见工厂,那么美国到底是凭什么成为世界第一经济强国? 夏令营还会安排到大学参观,这些大学没有大门没有围墙,为什么会与中国不一

让夏令营物有所值

样？美国的好大学往往是私立的，而且美国的好大学往往不在大城市，这又是什么原因造成的？有发现，生活才会有意思；有思索，生活才充实。边走边读，且行且思，一个人才无时无刻不在成长，一个人的生活才多姿多彩。不开动脑子的夏令营，自然成了"昏睡之旅"。

四是切磋讨论，让夏令营成为"学术之旅"。夏令营中，同学和老师，朝夕相处，共同行动，是相互学习、探讨的绝好时机。飞机上，汽车中，下榻处，茶余饭后，都可以就所见所闻、所感所悟作交流和探讨。尊重人家的观点，吸取人家的思想，发表自己的观点，贡献自己的思想，当夏令营具有这种学术沙龙氛围的时候想必每个人都能从中受益。到了美国不要妄自菲薄，也不能牢骚满腹。把美国吹上了天，夏令营成了"朝圣之旅"；把美国贬得一钱不值，夏令营变成了"牢骚之旅"。当一个人持这样单一思维和想法的时候，更需要听听他人的看法和观点。

五是及时动笔，让夏令营成为"写作之旅"。每个同学都要自己给自己下达写"旅行日记"和编辑"夏令营画册"的任务。有写作和编辑画册任务，才会更主动地观察，才会更积极地思索，才会拍摄出更有纪念意义和更高艺术水准的照片，才会充分珍惜夏令营的分分秒秒，也才会有更多的收获。路途匆匆，笔耕不辍，这既成就人生更是快乐人生。

夏令营，值不值，一切取决于自己。漫无目的出国转一圈，那还不如在家看看外国风光电视片。

谁适合在美国留学

（2013-07-12）

孩子成长道路的选择，不可从众，不可跟风。人家适合的自己不一定适合，人家不适合的自己可能适合，这是太浅显不过的道理。那么，怎样才知道一个人适合或者不适合呢？也就是怎样去判断一个人适合留学或者不适合留学呢？这一问题看似困难，实际上还是有客观答案的。孩子适合不适合到美国留学，就看孩子对美国，尤其是对美国的教育是否了解以及是否有充分的应对和适应的心理准备。美国的教育是什么样还没搞清楚，就花血本让自己的孩子去接受这种教育，那是一件与一个旱鸭子还不知水浅水深就贸然下水同样危险的事。

有的家庭让孩子去美国留学是基于这样一种认识：美国学校学习内容简单，学习压力小，许多学生不怎么会读书，我们的孩子在国内可能不优秀，但要把美国人打败那是轻而易举的事。这样的认识也不是说完全不靠谱，但如果仅仅只有这点认识，那我认为还是不要去留学为好。留学是为了学到国内不容易学到的真本事，而不是去与不会学习或不擅长学习的那一部分美国人比个高低。美国的教育缺乏竞争性，这是一个错觉，要想接受美国最好的教育也像国内一样困难。在美国，要想进入好大学特别是排名靠前的大学，其竞争之残酷与国内相比有过之而无不及。国内入学的竞争是限于同胞之间的竞争，美国的入学竞争是包括中国学生在内的全球范围学生之间的竞争。特别是美国的博士教育，那是全球最会读书的人残酷厮杀后幸存者才能得到的机会。要想让自己受到美国最好的教育，要想通过留学为自己一生的事业打下基础，一个人一定的"学习力"是必不可少的。

中国的教育竞争是团体赛，通过学校军事化的训练以求得学生在升学竞争中的胜利。美国的教育竞争，是单打比赛，是靠学生自己单打独斗突出重围。美国的教育，从初中开始一直到大学，都是"选课走班制"，没有我们所熟悉的固定的班级、教室和同学，从而也根本没有所谓的班主任，学习的过程没有人来督促，一切都全凭自己的自觉。要适应美国的教育，自主学习、自我管理的能力就成了关键素质。一个习惯于被管的孩子突然到来一个不再有人来管的环境，是否会像是一只突然断了线的风筝？这是每个决定让孩子去留学的家庭必定要面对的问题。在中国，学生统一住宿，统一管理，在大学除了班主任，还有辅导员、党支部、团支部，在美国除了大一新生由学校提供宿舍外，都得自己租房独立居住。要想让留学不至于成为变相的度假，要想真的让留学学有所成，一个人"自制力"的重要性也就一点也不亚于"学习力"。

在美国，并不是每个年满十八岁的美国人就不再向父母要钱，但他们懂得节俭，他们都努力去寻找勤工俭学的机会。在这种文化浸润中长大的孩子，从小就具有非同一般的自立的意识和自强的精神，他们特别会为父母分忧，特别分得清自己与父母的经济界限，特别会为自己前途着想。美国的读书人，即使家里再富有，开的也往往是二手车，也都会为节省每一分钱而与同学合租住房，穿的衣拎的包也都是尽可能简单。有了这样一种对家人、对自己高度负责的品质，他们自然会比较懂得怎样为人、怎样处世、怎样治学。美国人所享有的充分的自由之所以不出格，是与他们所具有的强烈的自立意识分不开的。一个中国的留学生，如果享受到了美国的自由，而又不具有美国人的自立品质，其行为必然是扭曲的。留学要有意义，一个人必须要有"自立力"。

学习力，是确保竞争不败的条件；自制力，是确保学习力不偏离方向的控制器；自立力，是学习力和自制力永不减退的支撑系统。一个人要想在美国生活和学习，这三种能力还真缺一不可。有了这三种能力，自然也就适合去美国留学了。

谁适合在美国留学

励志暴力

（2013-07-19）

一个人的意志努力对于一个人事业的成功所起的作用是不言而喻的。古今中外凡有成就者必定要付出比他人更大的努力，现实生活中一些身体残疾者也因为超人的意志力克服自身弱点战胜自身缺陷做到了常人所不能做到的事。正因为一个人的意志如此神奇，励志教育也就成了学校、家庭、社会极为常见的一种调动人的自觉性、主动性、积极性的教育手段和方法。

通过励志教育，确实改变了许多人的面貌和命运。但与此同时，励志教育也给许多人造成了巨大的心灵创伤，给许多人的生活带来了无限的痛苦。因为没能意识到励志教育所可能产生的危害，现实中的许多"励志教育"也就演变成了"励志暴力"。

励志暴力之一，强加意志，让孩子不堪重负。盲目信奉"榜样的力量是无穷的"，往往以"榜样"的成就作为孩子人生目标的参照，无视孩子的特长、兴趣、愿望，一厢情愿地给孩子设置过高、过难的目标，要让孩子成为"榜样"的翻版，使得孩子无法按自己的意愿选择人生道路，让孩子时刻生活在"榜样"的阴影中。

　　励志暴力之二，比较刺激，让孩子有口难辩。习惯于以成功人士来刺激自己的孩子，无视主客观条件的差异一味拿孩子与他人做比较。常用语是：你的条件又不比人家差；人家能做到的你为什么做不到；你只要像人家那样去做你也会成功。听上去，句句在理，让孩子挨了"骂"也有口难辩，心中有的只是挥之不去的惊恐和不安。

　　励志暴力之三，简单归因，让孩子愧疚难当。一个人的发展过程中一果多因是常态，励志暴力的一个显著特征就是简单归因，把成功的原因只看成是努力。常用语是：只要努力就能成功；一分耕耘，一分收获；没有成功是因为努力不够。孩子被这样偏激的观点所绑架，不再可能有更多的反思和学习策略的调整，只会把自己的不成功归结为自己还不够努力。一些孩子年纪轻轻就被自己的负罪感、内疚感和无助感压得喘不过气来。

　　励志暴力之四，挑刺揭短，让孩子心灰意冷。在孩子遇挫时，不是帮助分析原因，而是不断唠叨人家的成功、人家的成绩、人家的刻苦，然后把孩子数落得一无是处。其本意是想激发起孩子学习的斗志，殊不知一味地用"榜样"米揭短，除了让孩子反感、厌烦外，最有可能产生的就是悲观失望、自暴自弃。

　　励志暴力之五，连续施压，让孩子走投无路。不反思，不总结，面对孩子的连续受挫，还是坚持"意志决定一切"，继续不断给孩子提要求、加压力。为什么会有学生离家出走？为什么会有学生轻身厌世？励志给孩子造成的心理压力和不幸福感不能不说是重要原因之一。

励志教育强调意志在人的发展中的作用，但人的成长是受多因素影响的，意志仅仅是其中的一个因素。强调意志的作用，不可忽略了其他因素的作用。一个人的意志作用，确实在相当程度上能弥补其他因素或者条件的不足。但如果无限扩大意志的作用，无视规律的存在，不遵循客观规律，那么完全可能不仅达不到目的，还往往事与愿违。

美国"不拼爹"，更重视励志教育，从媒体到学校，从民间到教堂，从影视到书籍，"励志"始终是一个不变的话题。但他们的励志教育，不失理性，强调科学，不强人所难。例如，对于孩子的读书，他们也鼓励学生发愤，但他们同时也知道人的差异性，他们很清楚人的智商与人的跑步能力一样都是呈正态分布的，而且是不以人的意志而改变的，所以他们不会硬要一个"不会读书的人"去读书，他们的励志教育总是与孩子的自身特点相结合。一个人存在着众多的发展的可能，"书读不好"绝不意味着做不好别的事，励志教育就是要让人在选定正确发展方向的前提下去努力去拼搏。平时人们所说的"方向比努力更重要"，实际上就是对励志教育的一个提醒。我们总是鼓励孩子当状元、拿奥数金牌，追求目标的单一与人的个性特点的多样性是矛盾的。许多孩子尽管不断受到励志的教育,但成功并未如期而至。

"好心办坏事"比"坏心办坏事"可能具有更大的隐蔽性,从而持续的时间可能会更久,危害面和杀伤力有时候也可能会更大。励志教育的出发点不可谓不好,但励志教育要想不伤及众多孩子幼小的心灵,不至于成为一种励志暴力,"遵循孩子成长的客观规律"就不能只是一句停留在口头上的套话,而应该是扎扎实实的行动。

最佳留学时机的把握

（2013-07-29）

到美国留学的人与日俱增，有人到美国读高中，有人读大学，有人是国内完成大学学业后来美国读研究生。一个人在哪个时候来美国留学最有益于自己的发展？这是每个想来美国留学的人以及其父母必定在想的问题。现我对不同阶段出国留学的利弊做一分析，谈点看法。

到美读高中的利弊。几年前很少有人来美国读高中，现在留学越来越低龄化，从增长速度来看，来美读高中的小留学生增长最迅猛。年纪小，在英语掌握、融入美国文化、建立异域人际交往圈子方面具有无可比拟的优势；美国的高中教育注重启发教学和能力培养，少有国内"填鸭式"的灌输和"集中营式"的管理，相对宽松自由的教育氛围有益于一个人个性的发展。在美国读高中，最大的优势还在于有可能进入美国名牌大学完成大学学业。美国高等教育的水平也就是世界高等教育的水平，进入了美国的一流大学就读也就等于进入了世界一流大学就读，在国内读完高中要想接受到世界上最好的大学教育难度是非常大的。美国一流大学数量多，美国高中毕业生相对于中国而言又少了许多，花同样的力气，在美国高中毕业后进入美国一流大学的可能性比国内考入 211 大学要大。当然，到美国读高中，也要看到一些不利的方面。学费、生活费就是一个沉重负担，在加州，有的高中就读，交给学校的学费、住宿费和伙食费每年要 6 万美元，高中阶段几乎不可能享受到奖学金，全部费用都要自理。还要考虑一点，美国公立高中是不准招海外学生的，到美国读高中也就只能到美国私立高中就读。并不是说美国的私立高中不好，美国的私立高中就像美国的私立大学一样是同类学校中最好的。问题是到美国读高中的中国学生多，导致美国有的私立高中简直成了中国国内高中，美国洛杉矶有一高中超过 30％ 的学生来自中国大陆。在这样的学校就读，还能说是真正意义上的留学吗？而且，来美国高中留学的以富家子弟为多。我不是说富家子弟一定在志向、行为等方面有问题，但一群富家子弟的高度集聚或多或少失去了"生态多样性"的优势，这也是务必要引起重视的问题。到美国读高中，也就是说初中毕业就得离开中国。离开了中国是否意味着与中国文化告别？对留学生来讲，一个很大的优势就是具有双重文化背景，一个中国留学生对在世界上具有巨大影响力的祖国文化知之不多，这能说不是一个损失吗？

　　到美读本科的利弊。在中国高中打下的扎实的数理化基础以及对祖国语言、历史、文化的掌握将会转化为未来学习、工作中的竞争优势。在国内完成高中教育，要想进入美国一流大学就读，比在美国读完高中要难一些，但也不是不可能。在国内高中前两年打下的学科基础，足以在美国高考（SAT）中取得高分。像美国高中毕业的数学水平就只相当于我们高一水平。我们学生的主要问题是英语弱一些，必须在高三时进行强化训练，只要保持高中学习的劲头，取得申请美国留学必备的 SAT 和托福成绩应不会有太大的问题。本科阶段，生活、学习丰富多彩，能让一个人迅速融入美国文化，也非常有利于提高一个人的英语水平。高中毕业，人的自制力也提高了，这对于一个人在美国独立生活中不迷失方向是至关重要的。到美国读本科，最大的优势还在于有希望接受到美国最好的研究生教育。美国大学的学术地位和影响力主要是通过研究生教育建立起来的，美国大学的真正优势就在于高质量的研究生特别是博士研究生的培养。在中国国内完成本科，要想到美国名牌大学攻读研究生学位是很困难的，特别是想得到攻读有全额奖学金的博士学位的机会就更难了。而在美国完成本科，得到的包括英语在内的学科知识学习和学术训练，会让一个人进入美国名牌大学攻读研究生学位变得容易许多。到美国读本科，最大的一个问题，可能还是费用的问题，美国的本科也像高中一样，留学生基本上没有奖学金，但相对于在美国读高中费用还是少了许多。

到美读研究生的利弊。在国内完成本科学业，然后到美国攻读硕士学位或博士学位，这是历史上赴美留学的基本形态，在今天也仍然是赴美留学人数最为众多的一种方式。为弥补因为金融危机导致的办学经费短缺，美国对硕士研究生大规模扩招，到美国攻读硕士学位变得前所未有的容易，但提供奖学金的博士研究生招生数量仍基本保持不变甚至还有所减少。在国内完成本科学业，到美国读研究生看似容易了，但攻读博士学位特别是名牌大学博士学位仍然非常困难。来美读硕士，学费昂贵不说，关键是不超过一年半的学制难以让一个人形成就业的竞争力。在一年半时间内过了语言关，适应美国的生活就算不错了，真要想在学业上有比较大的收获，对大多数人来讲是做不到的。当今的事实也告诉我们，来美国一年半拿了硕士学位的大多数留学生难以在美国找到工作，只能回国。国内官方及媒体说"海归"多了，国外就业不易，缺乏就业竞争力的留学生只能打道回府是其中一个原因。本科后到美国留学，由于研究生阶段的学习，主要局限在实验室，活动范围没有本科阶段广，接触的人也比较固定化，远没有本科阶段那么多，从而不易融入美国文化，人际交往圈子也会过于窄小。经常能听到在美国留学的一些博士生说一句话：如果人生能重来，本科就要来。这句话，既是对自己当前语言、文化不适的感叹，也是对自己当年国内本科阶段的蹉跎的惋惜。

　　所以，一直来我认为，来美国读本科是留学的最佳时机。

美国人为什么钟情于职业技术

（2013-08-06）

　　在国内如果考上高职院校，很少会有人开心起来，有相当多的学生干脆放弃报到选择复读。在美国不一样，有许多高中生根本没想过上本科，他们的奋斗目标就是上社区学院掌握一门职业技术，园艺、烹饪、金工、图文处理、汽车修理、家具设计与制造、水暖保障等专业和技术都为他们所热衷。在社区学院就读的学生少有我们高职院校学生的自惭形秽。

　　美国人喜欢职业技术，乐于上社区学院，这是有其社会原因的。在美国有一技之长的人在收入上绝对不会比"吃皇粮"的公务员、警察、教师低，技艺精湛者收入比博士高也是很正常的。2008年奥巴马竞选总统，提出要对年收入20万美元以上的高收入人群加税，没想到却遭到了一名水暖工的强烈反对。这名水暖工凭借自己的技术和努力年收入突破了20万。这可能是奥巴马也始料未及的，但这就是美国的现实。美国公务员年薪三四万美元，对一个有一技之长的人来说轻而易举就能达到。收入高但没有社会保障的职业还是让人没有安全感的,还是不会受到人们欢迎的。而美国在养老、医疗等社会保障方面,一个工人或者自谋职业者与公务员也没什么差别。收入高了,又有社会保障了,也就没必要都往公务员队伍挤了。美国没有像我们这样声势浩大的公务员招录考试,说白了还是两国的国情不一样。

美国人喜欢学职业技术,也能学好职业技术。不是说美国人学习能力强,这也与美国国情有关。美国社区学院学技术的学生,文化课基础完全可能不如我们高职生,但对技术的学习普遍很投入很专心,他们很清楚没有一技之长将无以安身立命。我在美国接触到了一些花匠、屋顶翻修工和伐木工(美国家庭花园里的高大树木的打顶或砍伐需要专门的工具和专门技术人员),不仅技术娴熟,而且兢兢业业。他们就是凭借这样的职业技术和职业素养让自己在纯粹的市场竞争中站住了脚。我经常在社区的工地看美国人干活,伐木也好,道路整修也好,一些没见过的工具让我着迷,工人们娴熟精湛的技术更让我感受到了劳动之美。

我们的职业教育总是不能让人满意,但责任显然不全在学校。要让学生喜欢职业技术,还需全社会通力合作。

百年继续教育

（2013-08-16）

加州圣迭戈继续教育学院是全美国最大的成人继续教育机构，每年接受培训的来自世界各地的学员超过 7 万人，明年将迎来百年华诞。圣迭戈继续教育学院是圣迭戈社区学院体系中的一分支，整个圣迭戈社区学院体系除了圣迭戈继续教育学院外还有 3 所社区学院。社区学院是学制为两年的全日制高等学校，继续教育学院为非全日制的成人教育。我既作为学员又作为访问学者，在圣迭戈继续教育学院学习、考察一个月，让我对美国的继续教育有了进一步的了解。

教育对象：居住在圣迭戈的成年人。不受国籍限制，也不论居住时间长短，只要年满 18 岁就享有接受继续教育的权利。像我这样在圣迭戈做短暂停留的外国人也可随时报名参加学习。

入学报名：非常简便，没有资格审查，只要有证明自己身份的有效证件（像护照、驾驶证）即可通过网上报名。外国人要参加英语课程学习，会有一个水平测试，以便确定编入不同等级的班级学习。

课程设置：可供选择的课程门类众多，能充分满足不同人的学习需要。开设的课程可分为以下五类：

第一类为大众技能培训课程，如营销、计算机和信息技术、公民（语言、历史、法律）、缝纫、食品与卫生、家庭教育、残疾人救助与服务。

第二类为特殊人群教育课程，有为55岁以上退休人员开设的"荣誉课程"，涉及艺术、文学、历史、老年保健等内容，旨在丰富他们的退休生活，让人生变得更为完美；还有就是学员众多的外国人学习的英语课程，此类英语课程分七个水平等级，同时还开设语法、听力、口语等配套课程，深受在美国的外国人的欢迎。

第三类为大学预科课程，专门为那些想进入社区学院深造的人服务，类似于高中阶段的一些课程。还设有专门授予高中文凭的课程。

第四类为职业技能培训课程和职业资格证书课程，如汽车修理、幼儿教育、计算机技术、烹饪、电工、服装设计、图文设计、金工、文秘、水暖技术、装潢、焊接、保健等课程。帮助学员提高就业能力，或为了让学员获得从业资格。

第五类为社区教育课程，包括艺术、舞蹈、健身、投资理财、外语（对美国人而言的外语，汉语是开设的外语课程之一）等课程。此类课程不直接为学员的工作、就业服务，目的在于满足学员的兴趣要求以提高人们的生活质量。

收费标准：绝大多数课程不仅免费，而且提供的学习用品也免费，像为外国人开设的英语课程，每堂课都要发讲义和练习资料，概不向学员收取任何费用。只有上述第四、第五类课程，会收取一点费用，有的是学费，有的是耗材费。

经费来源：社区学院、继续教育学院都属于公立学校，办学经费主要来自政府拨款，同时也有来自工商企业的赞助。金融危机爆发，政府资金短缺，但对继续教育的投入仍未缩减。

教学安排：一年三个学期，秋季与春季入学的两个学期与社区学院同步，另加 6、7 月两个月的暑假学期。教学内容丰富，容量大。像外国人学的英语课，每周 5 次课，每次 3 小时；语法、听力、口语等配套英语课每周 3 次，每次两小时。一个人一天听 5 个小时的课是很正常的。

师资力量：因同属于社区学院体系，继续教育学院和社区学院不仅接受统一的领导，而且包括教师、场所、设备在内的许多资源都可以共享，这也就确保了继续教育的质量。当然也聘请了包括退休教师在内的一些社会人士来兼课，一些给外国人上英语课的老师就是中学的退休教师。管理人员十分精简，许多管理、服务工作由社区学院的学生来完成。

教师考核：由于是成人教育，整个教育秩序不可能像全日制的社区学院那样井井有条，学员的到课率也往往难以保证。也正因为如此，学员的到课率也就成了考核教师的主要依据。学员到校的第一件事就是签到，这关系到教师工资的发放。教师也拼命努力，以吸引更多的学员来校上课。

校区布局：继续教育学院有 7 个校区，分布在圣迭戈市东南西北中不同的区域，便于学员们就近入学。多数校区独立设置，也有校区与社区学院共享。但不论怎样，都有自己的独立用房，而且设备齐全、精良，电脑房等专门教室一应俱全。印象特别深的是还建有类似幼儿园的教室，家长在与孩子一起活动中完成"家庭教育"、"幼儿教育"等课程的学习。

学员考核：由于完全自愿，学习热情普遍很高，也就不需要专门的期中期末考试，但都会有一些作业展示、才艺表演的汇报。当然，要拿文凭和职业资格证书的课程，还是有严格的考试的。

学籍管理：报名注册以后，每个学员都会有一张学籍卡。成年人，特别是外国人，流动性大，对一门课程的学习做不到善始善终是很正常的。因此，允许随时退学随时上学。好在每门课往往有初级、中级和高级班，外国人学的英语有七个等级，重新上学的学员只要凭学籍卡就能到自己认为适合的班就读。

圣迭戈的继续教育，让我印象特别深刻的有以下几点：

一是规范办学，身份明确。纳入国民教育系列，享受与社区学院同等地位和待遇。国内的继续教育机构，就显得

百年继续教育

不够正规，管理归属不清，工作职责不明，单位性质不定，地位也不够高。

二是政府重视，经费保证。经常听说美国政府要破产，也时有听说美国市长零工资，金融危机也让加州各级政府经费使用捉襟见肘，然而，继续教育经费却一如既往得到重视，拨款经费未受影响。

三是规模宏大，影响深远。每年接受培训、教育的来自世界各地的学员超 7 万，这不仅对受训者受益，而且对于推进经济繁荣、社会发展，传播美国文化等所起的作用难以估量。而且持续百年，日益兴旺，这种做事的韧性和坚守，确保了自身地位的不可动摇，同时也助长了自身跨世纪跨国界影响力的积累。

四是以人为本，真心服务。课程开设完全根据市民就业、工作、生活的需要，而且几乎是免费的"义务教育"，每个学期的课程计划手册都在学期开学前分发到每个居民家中。校区布局、课程的分等级设置、报名注册和学籍管理的人性化做法，都让人真真切切感受到了"以人为本"不是一句空话。

五是国际胸怀，服务世界。对于美国人或非美国人、对于永久居民或短期游客，完全一视同仁。注册就读的学员大半是来自美国境外的人，这些人大多数持的是探亲、旅游签证。我就读的一个班，就是由来自墨西哥、印度、利比亚、俄国、韩国、马来西亚等十多个国家和地区的人构成的。

六是管理高效，人员精简。报名注册、学籍管理借助电脑，管理、服务工作交给志愿者，教学人员基本上兼职，没有冗余人员。我所在的校区学员服务办公室相当于我们的招生办和教务处，只有一名退休返聘的全职工作人员和两位社区学院的大学生志愿者。

　　继续教育，一项没有硬性考核指标的非营利的面向普通百姓的服务事业，能够持续百年并且历久弥新，最为主要的原因可能还是因为人们"爱满天下"的情怀和由此产生的使命感与责任心。

生活原本不需要那么多数理化

（2013-08-30）

　　"学好数理化，走遍天下都不怕。"此观点从今天的实际情况看仍然适用，掌握数理化的高科技人才深受社会欢迎。那么，学不好数理化是不是就寸步难行了呢？也不是，也仍然能在社会上找到自己的用武之地，也仍然能让自己过上体面的生活。

　　社会上有专卖店，也有超市。是专卖店重要还是超市重要？实际上都为社会所需要，谁也不能取代谁，只要经营得好都会有自己的生存空间，都会有自己盈利的机会。社会上的人也要像商店一样要多种多样，要有懂数理化的，也可以有不懂数理化的，只要能满足社会的需要，也就有了自己的立足之地和发展的空间。

　　很多美国人生来就没想过就业，而是热衷于创业。一讲到创业，好像深不可测，在许多人看来没有大学问创不了业。美国确实有像微软、苹果这样高科技的企业，但是数量更为众多的企业是初识数理化的人就能创立的。以美国为百姓住宅服务的公司为例，有我们熟悉的涉及水暖、电工、煤气、空调、装潢、家电、安保、房屋出租、老人照顾、孩子养育方面的服务公司，还有许多是我们不太熟悉的专门公司，如花木服务公司、害虫（老鼠、蟑螂、蚂蚁、白蚁）防治公司、草坪松土公司、树木砍伐与修剪公司、屋顶翻修公司、门窗安装公司、花园栅栏安装公司、油漆粉刷公司。可以说每个家庭需要干的活，美国社会上就有专门为之服务的公司存在。这样的公司，不论属于哪一类，一定非有高深的数理化知识不可吗？美国有超过2500万人，也就是说差不多是美国人口的十分之一，走的就是自主创业的路。他们在学校里是"差生"，在社会上是"能人"。

能学好数理化，能在高科技企业上班，是很荣耀和风光的事情。一个学不好数理化的人，上了职高或者高职的人，也不要自卑，只要能像学好数理化的人那样肯吃苦肯付出，扬长避短，把握机会，把能做的事做到最好，照样也风光，照样不会低人一等。

老天有眼，社会给了每个人以同样多的机会，就任何一个人而言，关键是要能分辨得清什么机会适合自己以及什么机会不适合自己。

来自美国工地的报告

（2014-01-30）

　　我对美国职业技术人才的了解多来自对美国社区学院等职业教育机构的考察，此方面的研究报告和学术论文已极多。长期以来我一直有一个想法，到工作现场直接了解美国职业技术人员的劳动状况，在美访学期间，终于有了这样的机会。我用五天的时间，在工地现场考察整个工程从开始到结束的全过程，并在工人休息的时候与他们做了比较多的交流。现将我的所见所闻所思写出来，与大家分享。

一、工程概况

　　我所考察的是美国一普通独立住宅的屋顶翻修和所属花园高大树木的砍伐，两个项目发包给两个施工公司，工期共为五天。美国的独立住宅四周是花园，种有各种各样的花卉树木，环境很美。但是时间久了，树木长得过于高大也会惹出事来，不仅遮挡阳光，而且有可能因风因雪倒塌危及四周房屋。我考察的该独立住宅的花园种有 6 棵桉树，异常高大，主人要求砍掉 3 棵，对保留的 3 棵实施打顶和整枝。此工程由专门的花园树木砍伐公司承包,工期为一天。另一工程为屋顶翻修,工程量更大,需要四天时间。美国别墅式的独立住宅每过 20 年要翻修一次屋顶的瓦片,掀掉老瓦片盖上新瓦片。旱季是屋顶瓦片翻修的旺季。

二、施工情况

不扰民。施工过程中工程队除了要求提供电源保证外,对东家不再有任何要求。在国内如遇同样的家庭施工,东家也会忙得像施工队的一员,缺材料要自己买,少工具要自己借,缺人手要自己顶。美国的东家全没有我们的忙碌和操心,该上班的照样上班,一切施工似乎都与自己没有关系。让我感动的是,东家备有饮料、矿泉水和饼干之类的点心,施工人员碰都不碰,中餐和饮用水全自带。美国的小区没有公共卫生间,东家特意不锁上门并与施工人员言明可以随时进屋方便,想不到的是施工人员竟然以"未经公司主管认可不得入内"为由婉言谢绝了。五天中我没看到有施工人员进屋上洗手间,他们是通过怎样的方式解决内急的问题的,我还真不知道。施工发出的声响也难免会影响到邻近的住户,施工队总是尽量减少干扰。早上七点前不开工,晚上六点即停工。工人们早上七点前肯定到工地了,但他们会坐在汽车上先聊聊天,到了七点才会动手干活。开始我也纳闷,人到了为什么还不干活,后来才知道是为了不影响邻居的休息。

守规范。伐木也好翻修屋顶也好，施工的难度都不能说大，但却有严格的操作规程和质量监督措施。每一道工序完成后，工人先要"自我验收"，自认为符合要求后才交给下一道工序的工人施工，下一道工序的工人进场施工前还要再验收。类似的程序和规定我们也有，只是做得没有他们那样不折不扣。在施工中，美国的工人不会随机应变，显得比较死板。钉一个铁钉，我顺手从花坛捡起一块鹅卵石递上，对方微笑拒绝，一定要从远处取回铁榔头来钉。干什么活用什么工具，是他们的规矩，也成了他们的习惯。美国的工人腰间挂满了各种工具，为的就是及时取到需要的工具，分量很沉增加了劳动强度，但确保了工程质量。强调规范，也会影响效率。翻修屋顶势必要更换屋檐雨水槽，这是工程量很小的活，但必须请专门的公司施工，屋顶翻修公司不可以干这活。我问为什么，翻修屋顶的工人回答说，不是他们不会干，而是不允许干。后来我明白了，在美国，专业的工种要由专业的人士干。在效率和规范面前，他们选择了规范。是这种对规范的敬畏，确保了工程的质量。

讲信用。美国人讲信用是出了名的，在工地的五天美国人对合同的尊重还是给我留下了深刻的印象。工程款是根据进度支付的，这与我们没什么两样。在屋顶翻修完成的前一天，房东因要外出，主动把工程款的支票给了施工公司的经理。提前到款，对公司来讲是好事，想不到的是被公司拒绝了。理由很简单，就是还没到合同规定的付款时间。

有了这种重合同守信用的习惯，人际关系也可以变得异常简单和美好。屋顶翻修的价格按平方计算，至于旧瓦片下面的木板是否要更换要等掀了瓦片后才知道。如要更换，产生的费用另作计算和支付，合同里有此条款。问题是当真需要更换的时候，由谁认定，怎样认定。在中国一定是由甲乙双方一起参与，共同认定。在美国却简单无比，施工方自说自话，自我做主；房东不到现场，不做清点，一概不闻不问，施工方说还要增加多少工程款他就照付。一定不是因为有我这在现场的"监督员"的存在，而是人们自觉守信的品质让房东不再有对施工方诚信的怀疑，才有了这样"自动化式的双方认定"。施工公司对员工工资的支付，也是日日清。每天下午三点钟公司老板总是出现在工地，并亲自登上屋顶把工资支票交给工人。

保整洁。人们可能会认为，屋顶翻修，整个房子一定脏乱不堪。事实却完全相反，施工并没有给房东一家的日常起居产生多大的影响，还是照常做饭，准时睡觉。这与美国的房子屋顶都铺有木板有关，但更与文明施工有关。工人进场的第一件事情就是把车库里的家具（车库开着门是为了给施工方提供电源）和房子四周的矮灌木、草坪盖上塑料布，工人下班后的最后一件事就是掀掉并收拾起早上盖的塑料布，然后用探雷器似的磁铁吸光房子四周每一寸土地上可能残留的废铁钉和可能给人造成伤害的废金属，最后用大电吹风再吹一遍，把所有的扫帚扫不掉的灰尘吹掉。

以后的每天，都重复作上述的动作。一整天的施工，没有在地面、车库留下任何东西，一切都似乎未曾发生。

重品牌。树木砍伐、屋顶翻修的市场很大，需求很旺，但相应的公司也很多，承接业务的竞争也很激烈。要想在竞争中取胜，在美国这样一个"不讲人情"的国家，品牌和口碑就成了关键性的因素。房东在物色施工单位时，不是找熟人托关系，而是在网上搜寻，顾客满意、评价好成了房东确定施工单位的首要标准。施工单位要想承接业务，也只要在质量、价格、服务上胜人一筹即可。施工单位像淘宝卖家一样非常重视顾客的好评，他们很清楚顾客的每一个评价都会影响到公司下一个业务的承接。屋顶翻修公司的老板告诉我，他们的公司组建于 1967 年，业务量日益扩大，他们担忧的不是没有业务而是业务量太大让自己难以承受。他说，公司生意之所以越来越红火，关键就是在业内确立了品牌。后来我明白了，他们为什么诚实守信，为什么每个环节都一丝不苟，为什么不会漫天要价，是他们为了能承接更多的业务、赚更多的钱。当品牌成了赚钱的首要因素的时候，任何忽视品牌的行为无异于在砸自己的饭碗。

三、几点启示

把能做的做好就是专业。伐木也好，翻修屋顶也好，不需要多少学科知识，也不用操作多少仪器设备，只要有敬业的劳动态度、认真负责的工作精神和精益求精的操作习惯就可以了。职业技术人才培养,不一定要开多少课、学多少理论,而是要让学生有一技之长并且要让他们知道将自己的所长,最大限度地发挥,也就有了自己的核心竞争力。说白了,专业不是修了多少课,也不是考试考了多少分,而是能不能把能做的做好。

非高科技的也可以是恒久的。人们总是习惯于看到科学技术的日新月异和工作岗位的变幻莫测,似乎一个人没有广博的知识和超强的学习能力就有随时被淘汰的可能。实际上,现实世界还有许多亘古不变的存在,正像屋顶翻修公司的老板告诉我的:人类永远需要房子,房子永远需要翻修。实事求是讲,社会需要有人去应对变化,社会也需要有人对不变化的坚守。职业教育在多数情况下不需要赶时髦,需要的是怎样满足社会的需要。

技能操作守规矩比创新重要。创新为社会所需要,创新的意义毋庸置疑,但生活中、工作中的许多事非但不需要创新,相反需要的是固守和刻板。伐木,换屋顶,都是历史悠久的职业,已经有了很成熟并被证明是正确的操作规程和质量标准。在我与屋顶翻修公司老板讨论"什么工人最让自己喜欢"这一话题时,他毫不迟疑地说,是按规矩做事的人,而不是自作主张乱搞一套的人。

服务业是就业创业的主要领域。美国的服务业发达,与住宅相关的服务业就多如牛毛,除了伐木、屋顶翻修外,什么门窗、地板、厨卫、壁橱安装公司,什么花木养护、草坪修剪、草坪松土公司，什么白蚁防治、害虫消灭公司，什么房屋保险、报警装置安装公司，什么电视天线安装、水暖维修、空调保养公司，凡有需要的都会有相应的公司。服务业不仅吸纳了美国多数的就业人口，而且也为创业者提供了广阔的舞台。在服务业领域创业，没有太多的资金、技术、专业的壁垒，美国有天然的创业优势。职业技术人才培养要想有所作为，就要盯住服务业不放。

孩子发展状况一测即知

（2014-02-20）

家长对孩子的评价往往来自考试分数，事实上，分数并不代表孩子的当下，更不代表孩子的未来。下面的测试简便易行，目的在于帮助家长更全面更客观了解自己的孩子。

一、测试方法

共 12 道单选题，每道题有 4 个选项，家长在每道题的 4 个选项中选出最切合孩子实际的一项。

二、测试题目

（一）学习习惯

1. 不肯学　　2. 推着学　　3. 能自学　　4. 善反思

（二）自制力

1. 不能自控　2. 需要督促　3. 能够自控　4. 善于计划

（三）志向

1. 不思进取　2. 崇尚关系　3. 相信努力　4. 矢志不移

（四）操作能力

1. 懒于操作　2. 偶尔摆弄　3. 喜欢操作　4. 善于发明

（五）作业状况

1. 不做作业　2. 督促完成　3. 自觉完成　4. 寻找课题

（六）求学生活

1. 感觉迟钝　2. 乐于接受　3. 常有感悟　4. 长于出击

（七）学习状态

1. 学习困难　2. 加班加点　3. 学得轻松　4. 早已知道

（八）理解力

1. 不得要领　　　　　2. 能够学懂

3. 快速掌握　　　　　4. 能够概况抽象

（九）发展水平

1. 考不好　　2. 能考试　　3. 有兴趣　　4. 有思想

（十）解题

1. 不想知道答案　　　2. 能够知道答案

3. 喜欢质疑答案　　　4. 能提出问题

（十一）知识学习

1. 排斥知识　2. 消化知识　3. 向往知识　4. 运用知识

（十二）学习个性

1. 习惯迎合　2. 长于记忆　3. 长于猜想　4. 长于求异

三、评价标准

每道题4个选项的序号数也就是得分数，例如，选了序号为 1 的选项则得分为 1 分,选了序号为 4 的选项则得分为 4 分,将 12 道题的分数累加即为总分。

平庸孩子:15 分以内;

良好孩子:16～24 分;

优秀孩子:25～42 分;

卓越孩子:43 分以上。

四、几点说明

在做题时,会遇到不知道选哪一项的尴尬。如第(九)题,有的孩子考试考不好,但有某方面的强烈兴趣,那么就要选"有兴趣"的选项。本测试每一道题的选项排列,有的有逻辑上的递进,有的则没有。本测试是本人结合国内外一些教育专家的思想和自己的研究编制而成的,还不成熟,仅供参考,不当之处还请批评指正。

还要特别注意,测试的结果往往只代表孩子在某一个时间点发展的状况,并不能准确预测不断变化中的孩子的未来。

本测试适合对象为小学阶段和初中阶段孩子。

孩子发展状况一测即知

"第三只西瓜现象"对家庭教育的警示

（2015-01-02）

何为"第三只西瓜现象"？事实上人们一点也不陌生。

我们都买过西瓜，想必都有过这样的经历：卖瓜者端起第一只西瓜轻轻敲击后说"太生"，接着端起第二只西瓜同样是轻轻敲击后说"太熟"，紧接着端起第三只西瓜做完同样的动作后说："正好，既不太生又不太熟。"然后，你就迫不及待地一边答谢一边付款，满怀欣喜地拎瓜回家。

我们总是不断重复着这样的经历，但对这种经历总是缺乏基本的反思。第一只瓜"太生"，第二只瓜"太熟"，为什么总是第三只瓜"正好"？既然只有三分之一的瓜"正好"，那么其余"太生"、"太熟"的三分之二瓜应该扔掉或降价才是，为什么最终所有的瓜都被当作"正好"的瓜卖掉了呢？

可以肯定，你买回来的"正好"的瓜，完全可能"太生"或"太熟"，而那些"太生"或"太熟"的瓜则有可能是成熟度"正好"的瓜。卖瓜者之所以能够轻而易举地把所有的瓜当成"正好"的瓜卖掉，不是因为消费者弱智，而是因为消费者害怕"做决定"。"害怕做决定"的人的一个共性，就是对自己没有信心，对他人盲目相信。

生活中，人们无时无刻不在做决定。对于自己有把握的事，例如买什么酱油吃什么早点，人们能轻而易举地做决定。对于自己完全没有把握的事，例如患重病是否要动手术，人们往往会比较慎重，会多方咨询听取权威人士的意见。至于既有把握又没有完全把握的事，如何时适合举行婚礼，何时适合出殡，人们往往会不知所措，会害怕"做决定"，只好请局外人来"拍板"。买西瓜，是好瓜还是坏瓜，就是属于既有把握又没有完全把握的事，人们也就习惯于把"拍板权"给了卖瓜人。卖瓜人为了表现得尽心尽责，就有了"太生"、"太熟"、"正好"的"深思熟虑的决策"。

教育孩子，对父母来讲，就属于既有把握又没有把握的事。让孩子在什么时候接受教育为好？由谁来教育为好？在怎样的地方受教育为好？父母们有想法又没有成熟的想法，有把握又没有完全把握，"害怕做决定"就成了必然，其结果是孩子的教育任由他人处置。孩子出生了请月子保姆，孩子还没牙牙学语就被送入早教中心，孩子还没上学就送各种培训班，上了学各种校外辅导站都要报个到。这样的选择是对的吗？是否有比这更适合孩子成长的教育方式？孩子教育的实施者真比自己有能力有水平吗？当自己的拍板权被拱手相让的时候，得到的"第三只西瓜"一定是"正好"的吗？

乱做决定有风险，让他人做决定同样有风险，甚至会有更大的风险。当一个人做一件事没有把握害怕"做决定"的时候，不可以随意把决定权交给别人，而是要学会"做决定"，并要千方百计让自己有"做决定的本领"，买西瓜如此，教育孩子更应如此。

家庭成员之间的能力补偿

（2015-02-14）

有的人手有残疾，腿就变得特别灵巧；反之，有的人腿有残疾，手就会变得特别有力量。诸如此类的现象在心理学中称为能力补偿，意思就是说，某一种器官功能的削弱或增强就会导致另外器官功能的增强或削弱。

有意思的是，这种在一个人身上出现的能力补偿现象，也会出现在不同人之间，尤其是家庭成员之间。举例说，父母特别会料理家务，孩子此方面的能力可能就会特别弱；父母没有辅导孩子作业的能力，则可能让孩子的学习变得特别自觉和特别有能力。

知道了能力补偿的道理之后，父母就应该意识到，自己的强大可能会让孩子变得软弱，自己的勤快可能会导致孩子的懒惰，自己的没完没了的操心可能会让孩子变得永远漫不经心。那么，父母是不是什么都不要去做、什么都不去管，孩子就一定会变得能干变得有力量？如果不是又该怎么办呢？下面我提点建议，供家长参考。

一是划清责任边界。每个家庭成员都有自己的责任，并要各自承担起自己的责任。划清责任边界，各司其职，各尽其责，不仅能让父母自己活得轻松，更能助长孩子的成长。最可怕的是，跨越边界，不分你我，导致的结果是父母的责任范围越来越大，孩子的责任范围越来越小。孩子是在承担责任中成长的，孩子责任的剥夺也就没有了孩子的成长。

二是"简政放权"。划清责任边界，属于孩子的事就要让孩子自己做，属于孩子的决策就要放手让孩子决策。不要怕孩子做不好，任何事都是从不会到会，父母越俎代庖，孩子只能永远停留在"不会"的状态。不要怕孩子失败，孩子的失败往往是父母"太能干"、"太会包办代替"之故。代劳，孩子永远不会自立；陪读，孩子永远不会学习。

三是让孩子意识到父母的有限能力。父母的无所不包，会让孩子误以为自己的父母无所不能。有了这样的错觉，会让孩子丧失最起码的忧患意识和紧迫感，取而代之的是无限的依赖和懒散。父母也不要表现得神通广大，无所不能，要将真实的自己呈现给孩子。

四是在自己的事上着力。那么是不是自己表现得越无能孩子就越有能力呢？也不是的，理想的状态是家庭成员在各自的责任范围内尽力做好自己的事。父母有父母的事业，孩子有孩子的事，各自努力，相得益彰。父母真要觉得自己很平常，但是，对知识的崇拜、对法律的敬畏、对规则的遵守、对他人的尊敬是始终不能变的。要知道，谦卑是一种强大的教育力量，虚心是一种永具影响力的品质。

自闭大学生对家长的警示

（2015-02-21）

孩子考不上大学，这是家庭的不幸。孩子大学毕业了找不到工作，这是家庭的更大的不幸。孩子大学毕业自闭在家，这是家庭最大的不幸。

自闭大学生的数量在迅速增多，最近我对一个只有8万人口的镇就大学生就业情况做调查时，发现"蜗居"在家的大学生就有280多人。这280余人尽管自闭程度有别，但都已成为父母心头的灾难。典型自闭大学生的基本特征是：

离群索居，交往归零。不再有同学、朋友的来往，蜗居家中，形单影只，即使有交流也从不谋面，仅限微信和QQ。

沉默寡言，表情木讷。与家人见面，也不打招呼，更不可能有交流，吃完了饭起身即回房。神情固定化，每天都是同一表情，唯一的激情出现在偶尔的游戏中。

兴趣单一，行为刻板。有着非常刻板的兴趣和行为，每天的关注点和所做的事基本雷同，离开了网络和手机不再有别的行为。

拒绝交流，接受服务。没有要求，也拒绝被要求，不会替家人着想，更不懂得承担义务，视父母一日三餐端茶洗衣为天经地义。

情绪暴躁，没有耐心。对于父母的关心、询问、要求缺乏最基本的耐心，拒绝回答继而会面露怒色，父母的照顾稍不合心意就会大发雷霆。

起居反常，昼夜颠倒。晚睡晚起，与家人不合拍，活动场所窄小而且固定化，没有运动。偏食，对垃圾食品、瓶装饮料有偏好。

智力正常，表达中上。智力上没有任何问题，书面表达较好，电脑技术娴熟。

大学生何以自闭？我概括出他们的共性，家长们一定能从中发现一些原因。自闭大学生的共性是：

从小学业成绩不错。良好的成绩，习惯于鲜花、掌声和表扬，对批评、挫折既陌生更缺乏准备。

曾经有着比较高的心气。学业上的优势，让自己有了比较高的目标，也让自己变得更加争强好胜。

父母也有比较高的期待。他们的家长，一是看重学业，二是宠爱有加，三是往往有高期待，四是对失败没有估计和准备。

良好的家境产生的优越感。父母上心，家境不错，还有较多社会资源，使得孩子能受到比较好的教育和训练，优越感也就根植于孩子幼小的心灵。

求完美内倾的个性。孩子天性上比较追求完美，个性上比较内倾，再加上争强好胜，这样的组合，容易成功，但也会给自闭留下伏笔。

都遇到了挫折。一个人具有上述的共性，对挫折的应对无能为力，特别是学业挫折、人际交往挫折、情感挫折重叠的时候，自信心、自尊心、好胜心、优越感轰然坍塌，从争强好胜走向躲避，走向自闭。

孩子可以不上大学，但身心必须健康。此道理想必家长都懂，但为什么心里想的只有孩子的考分、排名，而没有孩子的失败、挫折以及由此可能造成的对身心的打击和伤害？孩子长大了，一旦变得自闭，就为时晚矣。

自闭大学生对家长的警示

代际心理边界不可逾越

（2015-02-24）

国家与国家之间有边界，各自做各自边界内的事，互不干涉内政，国家与国家之间也就能和平共处。人与人之间也像国家与国家之间一样，也需要有边界，各自做各自边界内的事，那么大家也就相安无事了。

只是人与人之间的边界是一条心理边界，看不见摸不着，其存在方式及作用完全决定于个体的智慧和感悟。父母与孩子之间特别需要心理边界的存在，遗憾的是血缘关系又是特别容易替代心理边界。以下的恶果，可以说都是代际没有了心理边界所造成的。

冲突频发。包括孩子在内的每个人都有自己的事，有自己的想法，有自己的安排，如果一个人总是被发号施令、被指手画脚、被询问调查、被品头评足、被过度的关心关爱，这个人能不怒火中烧？日常生活中家庭成员之间的不愉快不开心，都不是根本的利害冲突所引起，只要每个人，特别是父母做自己边界内的事，这些不愉快不开心原本都可以避免。

父母过累。没有了心理边界，父母责任也不再是有限的了；既然是无限的责任，也就有了太多的心理负担。有的父母总是说有做不完的事，操不完的心。没有心理边界的人，做了本不属于自己的事，担了本不属于自己的忧，身心俱疲也就成了常态。要想缓释心理压力，要想自我解脱，必须明确心理边界。

孩子撒手。父母的越界操劳，如果能换来孩子责任心的形成、做事能力的提升，那也是值得的。问题是，当孩子失去了"主权"和"领地"后，不再知道自己要做什么该做什么。既然一切都有人代劳了，自己何不乐得图个清闲？父母越界导致的直接后果是：孩子责任心的缺失，决策能力的退化，依赖心的加重。

多方皆输。领地被侵占，孩子自我学习、自我锻炼的机会被剥夺，本质上是对孩子成长的剥夺。

效率低下。凡事都要讲效率，家庭事务也不例外。要想提高效率，必须任务明确，责任到人；必须守住边界，各司其职，各尽其责。

彼此干扰。家庭的幸福，需要家庭成员之间心理的相容，也需要家庭成员之间保持一定的距离。每个人都需要有独立的生活空间，都要有不受干扰的独立生活。可以说，幸福的家庭，其成员的心理边界一定是特别明确的。然而，有太多的父母，有的是超强的"护犊情结"，压根儿没有"心理边界"的概念，孩子的所有的一切都要由自己掌控。说是

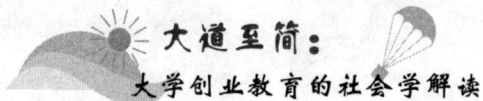

为了孩子好，实质上孩子向往自由的心灵无时无刻不在受到奴役和蹂躏。

做好界内的事，不做越界的事，守住心理边界，当是现代家庭的一项基本建设。

寄语孙辈们

（2015-03-31）

1.一个人能干不能干，不是决定于能做多少事，而是决定于是否有穷毕生精力去做的事。

2.人的聪明，不在于你知道多少，而在于你看问题角度的与众不同。

3.只要自己不放弃，挫折妨碍不了你目标的达成。

4.人的睿智，不在于知道何为正确，而在于能按正确的去做。

5.发言也好，演说也好，要说属于自己的话，重复他人的话无异于在公众场合抽烟，害己更害人。

6.考分很重要，但永远不是最重要的。

7.比自己的兴趣更不可或缺的是自己的思想。

8.任何美食、玩耍、财富都不可能比新知识、新思维的获得更能给人带来愉悦，常新的生活在于精神上不断的收获。

9.要成事，不仅要知道该做什么，更要知道不该做什么。

寄语孙辈们

10.做自己喜欢做的叫兴趣，不做自己喜欢做的叫意志。兴趣让人轻松，意志让人成功。

11.缺乏对未知的猜想和探索，再多的知识储备都是不圆满的。

12.靓、帅，是一种力量，但更大的力量是善良。

13.人是因思考而生的，因为思考所以存在，因为思考所以充实，因为思考所以收获，因为思考所以幸福。放弃了思考，人将不成其为人。

14.因为被人需要、被人期待，因此而承担更多的责任，生命才显得更有意义。

15.第一次掉到沟里人家会同情，第二次掉到同一条沟里人家就会感到不解，第三次还掉到这条沟里人家就会说活该。人可以出错，但同样的错不可再犯。

16.不要把时间浪费在开门找钥匙、出门找手提包上。学会管理琐碎的事情，不仅能积累更多的时间还能积累更多的好心情。

17.时间是个过滤器，能过滤掉一个人太多的名与利。凡能被过滤的都不必太在意，不能被过滤的才值得珍惜，才值得较劲。

18.人生非游戏，不可做不能掌控结果的事。

19.有的事能失而复得，有的事失而不可得。什么事要珍惜，什么事不可做，心里始终要有底。

20.诚实是做人的底线，在不能讲真话的时候，也不能讲假话。

21.感恩不能仅仅是一种礼节,而应该是一项伴随自己一生的行动。

22.伸张正义是要付出代价的,但不能因为有代价就不做一个有正义感的人。

23.家庭事业是一代一代人的接力,没有要求一代要比一代跑得快,但当接力棒在自己手上的时候,奋力奔跑是唯一的选项。

24.做一个孝顺的孩子。孝顺,是父母忙碌时的不添乱,是父母牵挂时报一声平安,是父母期待时让父母不失望。

25.不要让"上学去忘带课本,天下雨才去借伞"成为一种习惯,一个计划性和周密性欠缺的人会是低效率者,也会是自己和他人麻烦的制造者。

26.不想让自己成为孤家寡人,就不可贪小便宜;不想让朋友同学看不起自己,就不可虚荣功利;不想让自己没有出息,就不可目中无人炫耀自己。

27.要想走得远,不在于走得多快而在于走得多久。

28.一着不慎满盘皆输,许多事犹如驾车,往往是 1% 的失误让 99% 的成功都成了多余。

29.大数据、云计算带来的变化可能超乎想象,但是,不论如何无所适从,一个人应对变化的好学、谦逊、诚实、执着、乐观、合作的品质决不能变。

30.知识让人有内涵,智慧让人有魅力,幽默让人有情趣,健康让人有活力。每一个人背后都有原因,不是自己想成为怎样的人就能成为怎样的人。

附录

贾少华：高职创业教育的"引领者"

（刊发于《教育与职业》2012 年 5 月　文：徐玉成　陆娜）

贾少华：义乌工商学院副院长、党委副书记，教授，浙江省高校名师。

他首创培养大学生老板的"创业学院"，他坚信考试好是好学生，创业好也是好学生，他标榜高职学生也有荣耀人生。作为一名普通的职校管理者，他的创业教育理念与实践赢得了职教界乃至社会的广泛关注。他在实践中探索出创业教育的"义乌模式"，赢得高职教育"创业教父"的美誉。他就是义乌工商学院副院长贾少华。

创业也是一种学习方式

面对一群不爱学习的孩子，高职如何定位，如何办学，如何发展，每位高职管理者与教学者都有自己的见解。在13 年的高职办学实践中，贾少华开创了高职创业教育的全新模式。他的创业教育实践走得异常辛苦，也走得异常坚定。在中国创业教育的发展历程中，贾少华是一位开拓者，一位改革者，同时又是一位传播者。

1999年，刚从华东师范大学研究生毕业的贾少华担任新筹建的义乌工商学院的副院长。义乌工商学院的前身是1993年创办的杭州大学义乌分校，当时杭州大学义乌分校刚刚脱离杭州大学，开始以高职形式独立办学，属于高考录取中的最后批次。贾少华满怀激情，为义乌工商学院学生制定了一整套追赶强者的教育思路。然而，现实是残酷的，一学期下来，课堂上学生的表情依旧是麻木的，图书馆的座位依旧是空旷旷的。事实证明让高职生埋头读书做学问不太现实，贾少华疑惑了：学校如何发展？高职办学出路何在？

在办学过程中，贾少华渐渐发现，与本科学生相比，高职学生动手能力非常强，对在市场上做志愿者、兼职的兴趣远远大于读书。"书本知识不是高职学生的兴趣所在，考清华大学要近700分，我们学校只要300来分，会读书和考试的孩子不在我们这儿。强迫成绩差的学生学高等教育课程，就像叫姚明去跨栏。"

高职应该有自己的方向，办出自己的特色。在贾少华的倡导下，义乌工商学院开始了大刀阔斧的改革，将"面向市场、面向学生、面向实践"作为办学理念，形成了"以就业为导向，让学生拥有市场"的办学特色。义乌工商学院将实践技能作为学业的一部分，将实践教学贯穿于整个教学过程，鼓励学生在理论知识学习的同时，积极参加志愿者服务、勤工俭学等社会实践活动。

在社会实践中，义乌工商学院的学生逐渐积累了一些人脉。得益于中国第一商品城的"地利"，一些学生尝试从义乌国际商贸城小规模进货，开始在淘宝网从事电子商务。经过一年时间，电子商务创业在义乌工商学院形成了一定的氛围。贾少华隐约发现了电子商务的巨大商机，觉察出义乌工商学院发展的一个巨大机遇。"义乌有这么大的一个市场，何不因地制宜给义乌市场培育一批有文化、懂经营的高级商人？这样，既能提升义乌市场的品位，又能很好地解决学生就业难题，更能让高职院校的学生找到自信。"

"我们的学生从小成绩就不好，在学校没有什么成就感，比较自卑。创业后，人变自信了，发现自己也能成功。而且做兼职、搞创业，能帮助学生成长为诚信的商人。"贾少华总结了数十个成功创业学生的成长个案后得出结论。此后，贾少华逐渐认识到，高职学生可以走读书这条路，也可以走创业这条路，但不能闲着。读大学不等于长素质，大学是容易让人有所成就的地方，也是容易让人堕落的地方。他最痛恨学生沉迷于游戏或睡懒觉，终日无所事事。他鼓励更多的学生在课余时间从事勤工俭学或创业实践，让学生们都忙起来。

不过，贾少华的想法和做法也引发了很多议论。面对

"开网店就是创业吗""如此创业高校存在又有何意义""最不正统的老师"等诸多非议,贾少华坚持认为开网店的过程,培养了学生的责任心、自信心以及待人接物的礼节,懂得了怎么做人。"商德不是靠说教,而是在创业过程中逐渐形成并积累的。即使互联网毁灭了,我的学生也能活下来,因为他们已经具备了洞察市场、捕捉机会的能力,具备了跟企业、跟供货商的谈判协调能力,与顾客的沟通维护能力以及管理员工的能力等,这些经验是在商业环境下的立足之本。"

大学生接受创业教育,有利于提高自我管理能力,即使创业失败,也是一次完美的学习过程。经过多年的跟踪调查,贾少华发现,很多有过创业经历的学生即使毕业后不创业,选择到企业工作,往往能够依托公司的各种平台、资源把工作做得非常出色。因此,他更加坚信,创业教育可以使学生的能力得到全方位的锻炼和提高,为学生将来的就业、创业打下坚实的基础。

创业教育不是"纸上谈兵"

出色的创业理念与实践,让贾少华的名气越来越大,影响力也水涨船高,中央电视台等诸多媒体都对他进行过专题报道。面对扑面而来的赞誉,贾少华并没有丝毫的自满,在创业教育探索之路上,他依然孜孜不倦地追寻着。

贾少华曾经担任从地方到国家不同级别的大学生创业

大赛的评委，创业大赛参赛的人数之多、学生创业热情之高，让这位高校教育工作者感动不已，但是参赛项目的可行性，又让这位"创业教父"深感忧虑："装帧豪华的创业文本能否变成扎实有效的创业行为？妙不可言的创业理想是否真的能成为现实？西装革履、信誓旦旦的参赛者是否真的能成为一名自主创业者？"在贾少华看来，基本上不可能，创业比赛中的这些问题，表面上看是参赛选手的问题，实质上是教师和学校的问题。

他认为，创业的"文本游戏"是大学创业教育注重表面、浮于形式的直接反映。教室里是培养不出创业者的。"创业实践是实现学生学业向创业转化的桥梁，大学生要实现'学业'到'创业'的过渡，必须要有勤工俭学、创业尝试等实践活动作为中介，这是大学生成长的基本模式。"

"创业能力是练出来的，不是教出来的。"在贾少华的大力支持下，义乌工商学院创业学生在学习专业与创业相关理论的同时，积极参与电子商务、实体店铺、模拟公司等多种形式的创业实践活动。走进义乌工商学院，你会发现创业学子行色匆匆，来往于创业园、教室、寝室、小商品批发市场之间，很多创业学生甚至在双休日、寒暑假也没有时间休息。大部分创业学生要忙到凌晨才入睡，忙的时候甚至连吃饭的时间都没有。

义乌工商学院创业学生"不务正业"，"到处折腾"，"贾少华模式"让学生提前变成小商贩，只是一种新的"带有毒性的解药"，使教育彻底庸俗化自始至终，类似的议论时刻萦绕在贾少华的耳边。他没有想到他的教育实践会引起如此大的争议。同时，义乌工商学院的许多老师也开始犹豫不决，创业教育还要不要继续？

面对复杂而充满迷茫的未来，贾少华的创业教育梦想丝毫没有动摇。在贾少华的坚持下，在学校领导班子的支持下，义乌工商学院的创业教育实践得以继续，而且步子越迈越大，成效也越来越显著。为了能够让学生拥有良好的创业平台，学校将一栋 2600 平方米的教学楼开辟为"创业园"，并实行弹性学制和学分制，创业学生可通过网上交作业、个别辅导、单独考试等形式修完课程，创业实践可抵相关课程的学分。

对于学校这些前所未有的"创举"，贾少华有着独到的解读："中国的教育确有传授书本知识的特长，但凡接受了此种教育的人往往不再能创业。原因之一就是忽视甚至打压了人的亲身实践，缺乏实践自然会导致能对人的工作、生活、创业起更大作用的社会知识的缺失。如果仍然坚持传统的教育理念和办学模式并不断标榜此种做法的正确性，那么培养的新一代大学生除了会考试还能会什么呢？"

在创业教育的探索过程中，贾少华遇到很多困难，但观念上的阻力更可怕。学生石豪杰以电子商务为起点，开办了属于自己的公司，为多名同学提供了就业岗位，就连世界500 强企业也成了他的采购商和合作伙伴，销售额突破了千万元,并迅速在深圳和温州开办了两家分公司。与他如日中天的事业形成鲜明对比的是他的考试成绩:两年时间,石豪杰已经有 6 门功课累计不及格。而根据《学籍管理条例》,出现这种情况的学生应被勒令退学。

面对这一尴尬的现实,经过反复考虑与充分调研,贾少华认为,一个学生是否优秀,与他是否挂科没有必然关系。"任何一个改革措施都要建立在研究的基础上,建立在理性的基础上,绝对不是头脑发热。"石豪杰的创业成绩和优秀表现足以说明他是一名出色的学生,学校决定不仅不对其进行开除处理,还授予他"优秀毕业生"的称号,以激励更多的学生努力进取,为自己的理想去拼搏奋斗。

让每个学生怀有"创业梦"

在贾少华主导之下,义乌工商学院成为一所独一无二的学校。在大学就业形势遭遇寒冬的形势下,义乌工商学院的却"批量生产"出大量的学生老板,学校的就业质量并没有因为学校开展创业教育而有所下降,相反却成为学校最具特色的教育模式,义乌工商学院被誉为"全球最佳网商"摇篮,而贾少华则被誉为中国的"创业教父"。

目前,义乌工商学院主导下的电子商务产业已经形成,吸引了众多省内外,甚至世界各地有志于从事电子商务的有志青年,为义乌当地经济转型与发展注入了新的活力。贾少华及义乌工商学院的创业教育实践得到了众多国内外

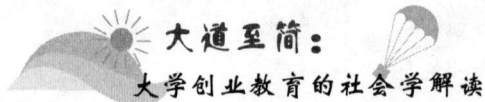

权威媒体的高度关注。中央电视台、人民日报、凤凰卫视、湖南卫视、法国路透社等国内外主流媒体纷纷以专题形式作重点报道。

曾经，贾少华是孤独的。很多人误认为"贾少华模式"与义乌小商品市场密不可分，是义乌独特的地域位置成就了义乌工商学院的创业教育，其他地方的高校无法复制。然而，情况并非如此，义乌工商学院的成功除了天时、地利，关键还是人和。根据相关资料，就当前电子商务成交额而言，广东比浙江的成交额大，杭州的成交额比义乌大。可见，电子商务创业并不是义乌工商学院的专利，其他高校也可以选择淘宝或其他合适的途径开展创业教育。

伴随着义乌工商学院学子的一个个创业奇迹，贾少华的创业教育理念和实践开始受到各级领导、教育界权威人士的肯定，也逐渐赢得了家长和学生的认可。来义乌工商学院采访的记者多了，最多的时候，一天竟然来了17拨。在国家级及省级"大学生创业专题报告会"上，贾少华时常被奉为上宾。而贾少华自己，则更乐意走上全国各大学的讲台，走到学生中间，向更多的不同类型学校的大学生介绍他的创业教育模式。因为在他看来，创业教育绝不是看起来像培养一些学生老板那么简单，如果那样理解，创业教育就被俗化、矮化了。创业能力是大学生素养的应有之义，高校开展创业教育不但对高校毕业生就业有帮助，更有利于学生长远发展。

目前，贾少华已经应邀在国家行政学院、国家教育行政学院、北京航空航天大学、同济大学等上百所高校和数十个全国性学术会议上做学术报告，会议邀请与行程安排堆满了他的办公桌。对此，贾少华笑言："累并快乐着。"

看到创业教育被越来越多的高校重视，越来越多的大学加入到创业教育的行列，贾少华倍感欣慰："我并不认为自己推动的创业教育有多了不起，每所大学都可以开展创业教育，我只是做了一个普通的教育工作者、一名普通的老师所应该做的事情。"贾少华说，最让他深感骄傲的是投身创业的学生，他们自强不息、重拾自信的创业实践，激励他坚持推进创业教育改革的主张，也坚定了教学改革必须以学生的发展为出发点和落脚点的理念。"广大学生与家长的认同与支持是我们推进创业教育改革的最大动力。"

为了让更多的人了解创业教育的"贾少华模式"，也为了让更多的高校与大学生受益，贾少华在从事本校教学与管理繁忙工作的同时，仍然在为中国创业教育的推广而努力着。"就算有一天不再有机会做我想做的事，我也不后悔。我做那么多，被人争议那么大，目的只有一个：让学生找到自信与幸福感，为荣誉而昂首地生活。"

后　记

每两年写一本书，不为别的，只是为了信守心中的承诺。

前面已出版了两本，此为第三本，写于 2013 年 4 月至 2015 年 3 月。

我的教育主张，一直倍受争议，但又不断被"平反"。感谢时代的包容，感谢环境的宽松。我的教育理解，有许多错误之处，即使是正确的也只适用一定的范围，想必读者自能分辨。就自己而言，每一次被"平反"的喜悦也没能放松对自己教育主张的警惕。

"凡是过去，皆为序曲。"写好后面的书，一切得从头开始。

谢谢读者！

贾少华

2015 年春于岭下海棠园